Collection Revue générale du droit -

www.revuegeneraledudroit.eu

Série Colloques

Collection dirigée par Philippe Cossalter

Agrégé des facultés de droit

Chaire de droit public français de l'Université de la Sarre

http://lfoer.cjfa.eu

Florence N'Diaye (dir.)

Le crowdfunding ou financement participatif : état des lieux en Europe

Allemagne, Belgique, France et Luxembourg

Editions juridiques franco-allemandes

Imprint
Any brand names and product names mentioned in this book are subject to trademark, brand or patent protection and are trademarks or registered trademarks of their respective holders. The use of brand names, product names, common names, trade names, product descriptions etc. even without a particular marking in this work is in no way to be construed to mean that such names may be regarded as unrestricted in respect of trademark and brand protection legislation and could thus be used by anyone.

Cover image: www.ingimage.com

Publisher:
Editions juridiques franco-allemandes
is a trademark of
International Book Market Service Ltd., member of OmniScriptum Publishing Group
17 Meldrum Street, Beau Bassin 71504, Mauritius

Printed at: see last page
ISBN: 978-3-639-56093-0

Le crowdfunding ou financement participatif Etat des lieux en Europe : Allemagne, Belgique, France et Luxembourg

Sarrebruck, Centre juridique franco-allemand

27 juin 2014

Sous la direction de Florence N'DIAYE

Avec le soutien scientifique de :

Collegium Europaeum de l'Université de la Sarre

Université de Paris Ouest – Nanterre – La Défense
Centre d'études juridiques européennes et comparées

Université de la Grande Région

Université franco-allemande

Avec le soutien financier

MOLITOR

Pôle France de l'Université de la Sarre

KAUFHOLD OSSOLA & ASSOCIES

Liste des abréviations

Abréviations allemandes

ACPR	Autorité de contrôle prudentiel et de résolution
AJ	Actualité juridique
al.	Alinéa
AMF	Autorité des Marchés Financiers
Bull. civ.	Bulletin des arrêts de la Cour de cassation, Chambres civiles
Bull. crim.	Bulletin des arrêts de la Cour de cassation, Chambre criminelle
C. civ.	Code civil
C. com.	Code de commerce
C. mon. fin. ou CMF	Code monétaire et financier
CA	Cour d'appel
Cass.	Cour de cassation
Cass. com.	Cour de cassation, Chambre commerciale
Cass. crim.	Cour de cassation, Chambre criminelle
Civ. 1ère	Première Chambre civile de la Cour de cassation
Civ. 2ème	Deuxième Chambre civile de la Cour de cassation
Civ. 3ème	Troisième Chambre civile de la Cour de cassation
comm.	commentaire
concl.	conclusions
D.	Recueil Dalloz
éd.	édition
fasc.	Fascicule
FIBEN	Fichier bancaire des entreprises
FSMA	Financial Services and Markets Authority, Autorité belge des services et marchés financiers
Gaz. Pal.	La Gazette du Palais
Ibid.	*Ibidem*, même endroit
JCP E	Juris-Classeur périodique, édition Entreprise
JCP G	Juris-Classeur périodique, édition Générale
JCP N	Juris-Classeur périodique, édition Notariale
JO	Journal officiel
Joly Bourse	Bulletin Joly Bourse
Joly Sociétés	Bulletin Joly Sociétés
jp. ou jurispr.	Jurisprudence
LPA	Les petites affiches
obs.	observations
op. cit.	*opère citâto*, dans l'ouvrage cité
PME	Petites et moyennes entreprises

PMI	Petites et moyennes industries
RD banc. fin.	Revue de droit bancaire et financier
Rev. Banque	Revue Banque
Rev. sociétés	Revue des Sociétés
RJDA	Revue de jurisprudence de droit des affaires
RJSP	Revue des Juristes de Sciences Politiques
RTD civ.	Revue trimestrielle de droit civil
RTD com.	Revue trimestrielle de droit commercial
UCM	Union des classes moyennes

Abréviations allemandes

AGB	Allgemeine Geschäftsbedingungen
AktG	Aktiengesetz
AO	Abgabenordnung
BaFin	Bundesanstalt für Finanzdienstleistungsaufsicht
BB	Betriebsberater
BGB	Bürgerliches Gesetzbuch
BGH	Bundesgerichtshof
DB	Der Betrieb
EGBGB	Einführungsgesetz zum Bürgerlichen Gesetzbuch
EStG	Einkommenssteuergesetz
GmbH	Gesellschaft mit beschränkter Haftung
GmbHG	GmbH-Gesetz
GmbHR	GmbH Rundschau
GWR	Gesellschafts- und Wirtschaftsrecht
HGB	Handelsgesetzbuch
InsO	Insolvenzordnung
KWG	Kreditwesengesetz
MDR	Monatsschrift für Deutsches Recht
MMR	Multimedia und Recht
NJW	Neue juristische Wochenschrift
NJW Spezial	Neue Juristische Wochenschrift Spezial
VermAnlG	Vermögensanlagegesetz
WM	Wertpapier-Mitteilungen
WpHG	Wertpapierhandelsgesetz
WpPG	Wertpapierprospektgesetz
ZBB	Zeitschrift für Bankrecht und Bankwirtschaft
ZIP	Zeitschrift für Wirtschaftsrecht und Insolvenzpraxis
ZUM	Zeitschrift für Urheber- und Medienrecht

Sommaire

Propos introductifs

Florence N'DIAYE*

La multiplication des plateformes internet proposant aux internautes de financer des projets a conduit les différents législateurs européens à intervenir et à prendre position.

I. Le *crowdfunding* est une technique de financement via une plateforme internet. Recourir au public pour obtenir des fonds n'est pas en soi une innovation, mais la révolution informatique et l'émergence de réseaux sociaux accessibles facilement et sans frontières a multiplié les possibilités d'obtenir des soutiens financiers hors de son cercle familial ou amical. Ce financement par la foule permet en réalité de désigner plusieurs cas de figure.

En effet, l'internaute peut être sollicité pour faire un don et soutenir dans une démarche solidaire un projet en manque de fonds. Ce type de *crowdfunding* rencontre en fonction des pays des échos différents. En raison de la possibilité d'obtenir en échange de son soutien une réduction fiscale, ce type de financement rencontre, en Allemagne par exemple, un vif engouement.

---

* Akademische Oberrätin, chargée de conférences, Universität des Saarlandes, Centre Juridique Franco-Allemand Sarrebruck.

Mais le *crowdfunding* est aussi venu répondre à une difficulté rencontrée par certaines entreprises qui ne trouvaient pas de soutien bancaire dans les canaux classiques. Ainsi, à côté de ces dons désintéressés, les plateformes internet ont proposé leur médiation pour servir de relais entre ces porteurs de projets en phase d'amorçage et les internautes décidés à choisir eux-mêmes le placement de leurs capitaux. Ce type de soutien aux entrepreneurs innovants peut s'effectuer selon deux modèles distincts. Le porteur de projet peut en effet s'engager à rembourser l'internaute à plus ou moins longue échéance. La technique reposera alors sur un prêt conclu entre particulier et professionnel via une plateforme intermédiaire. On désigne ce financement par prêt comme *crowdlending*. La seconde possibilité offerte aux porteurs de projets pour soulever des fonds sera de proposer un investissement par offre de titres, technique désignée comme *equity crowdfunding*.

Face à l'engouement généré par ces différents financements, les législateurs ont été conduits à intervenir. Les règles en vigueur n'étant pas adaptées ou peu conciliables avec ces nouvelles techniques, notamment celles relatives aux exigences de prospectus en matière d'offre de titre, ou celles concernant le monopole bancaire, les législateurs européens se sont saisis du phénomène et ont rapidement pris position.

Que ce soit en Allemagne, en Belgique, en France ou encore au Luxembourg, les difficultés engendrées par ce nouveau type de financement sont comparables, notamment lorsque le porteur de projet propose en échange des titres. Les risques de perte des fonds investis exigent la présence d'un contrôle quant à l'information préalable de l'internaute. Comment être sûr que ce dernier investit en ayant bien compris les conséquences de son apport ? Comment vérifier le caractère profane ou averti de ce contributeur d'un nouveau genre ? Comment se garantir que le porteur de projet réalisera le projet pour lequel il a obtenu les fonds ? Comment vérifier encore l'origine de ces fonds afin de ne pas favoriser le blanchiment d'argent ?

L'encadrement réglementaire de ces techniques est donc une exigence. Mais ce cadre ne doit pas non plus constituer un frein au développement de ce financement alternatif venu pallier une lacune du système bancaire actuel. Il est d'ailleurs permis de se demander si le cadre adopté doit relever du ressort des différents législateurs, alors que les acteurs de ce financement peuvent se situer dans divers pays européens. Quelles règles appliquer face à une plateforme belge, un porteur de projet français et un investisseur allemand ? Une réflexion purement interne constitue-t-elle vraiment une solution adaptée ?

A l'heure des réformes et de la mise en place de règlementations tant en France, en Allemagne, qu'en Belgique, une analyse comparative s'imposait. Dans le cadre d'un état des lieux dans les différents pays membres de la Grande Région[†], le Centre Juridique Franco-Allemand de l'Université de la Sarre a initié un colloque dont le présent ouvrage reprend les contributions.

II. Dans le cadre d'une journée d'études qui a eu lieu le 27 juin 2014, le Centre Juridique Franco-Allemand a invité différents chercheurs et praticiens français, belges, allemands et luxembourgeois à venir exposer l'état des règles en vigueur dans leurs ordres juridiques respectifs. Depuis 60 ans, le Centre Juridique Franco-Allemand joue un rôle d'interface juridique entre la France et l'Allemagne et participe à la formation commune au droit des partenaires économiques. Le CJFA s'est associé à différentes structures de l'Université afin de pouvoir recevoir différents intervenants. Ce colloque a profité du soutien financier du Pôle France[‡] de l'Université de la Sarre et de deux cabinets luxembourgeois, le cabinet Kaufhold Ossola et associés[§], et le cabinet Molitor. Sur le plan scientifique, ce colloque était soutenu par le Collegium Europaeum Universita-

---

† La Grande Région rassemble différents Etats ou régions : la Sarre, la Rhénanie-Palatinat, le Grand-Duché de Luxembourg, la Lorraine et la Wallonie. Au sein de cette grande région a été mis en place au cours des années 2008-2013 un groupement transfrontalier d'universités accueillant près de 115 000 étudiants et employant plus de 6 000 enseignants-chercheurs.

‡ Créé en novembre 1996 comme service commun de l'Université de la Sarre, le Pôle France assure la promotion des activités francophones et franco-allemandes, intensifiant les relations avec les pays francophones.

§ Le cabinet est devenu depuis le cabinet Kaufhold et Réveillaud.

tis Saraviensis (CEUS)**, le Centre d'études juridiques européennes et comparées (CEJEC) de l'Université Paris Ouest Nanterre la Défense††, l'Université de la Grande Région, et l'Université franco-allemande.

Le CJFA était dès lors la structure adéquate pour aborder un état des lieux des réglementations juridiques française, allemande, belge, luxembourgeoise et européenne.

** Créé en 2012, le CEUS est une nouvelle plateforme de recherche servant d'interface scientifique aux facultés de droit et de philosophie de l'Université de la Sarre.

†† Créé en 1990, le CEJEC est une structure de l'UFR de sciences juridiques, administratives et politiques de l'Université de Paris Ouest Nanterre La Défense.

Première partie : Actes du colloque du vendredi 26 juin 2014

Le crowdfunding en droit financier de l'Union européenne

Augustin BOUJEKA[1]

[1] Maître de conférences en droit privé à l'Université Paris Ouest Nanterre la Défense, Centre d'Etudes juridiques européennes et comparées (CEJEC).

Mon propos[2] consiste à tracer une perspective du *crowdfunding* en droit financier de l'Union européenne, UE. De même qu'il existe des modes alternatifs de règlement des litiges, de même, il existe des modes alternatifs de financement. Le *crowdfunding* participe des modes alternatifs de financement. Son caractère alternatif tient à son appétence à quitter les voies habituelles du financement pour se hasarder sur des terrains laissés en friche par les personnes et organisations ayant besoin de financement d'un côté et, de l'autre côté, les prêteurs professionnels et les investisseurs.

Economiquement parlant, le *crowdfunding* se réduirait en réalité à un changement d'outre pour un vin produit depuis fort longtemps : le financement communautaire familier au secteur caritatif depuis le XVII° siècle que l'internet et ses réseaux sociaux auraient remis au goût du jour[3]. Le *crowdfunding* dépasse aujourd'hui très largement l'activité caritative pour s'inscrire dans une économie collaborative à finalité bien plus large[4]. Ce mode de financement connaît aujourd'hui un fort dynamisme. Or, c'est un trait fondamental du droit de l'UE que de régir des situations en mouvement. Ce trait s'accorde à merveille avec le *crowdfunding* qui est une technique récente de financement, en forte expansion et en mutation constante. Le droit financier de l'UE est lui aussi assez récent, en forte expansion et en pleine mutation depuis la crise de 2008. Ne citons que le règlement (UE) n° 596/2014 du 16 avril 2014 sur les abus de marché et le règlement (UE) n° 600/2014 du 15 mai 2014 sur les marchés d'instruments financiers (MIF 2). Ces deux textes ont vocation à régir peu ou prou le *crowdfunding*.

Au concret, la définition du *crowdfunding* en droit de l'UE procède pour l'heure de la *soft law* puisqu'elle résulte d'une communication de la Com-

---

2 Ce propos est issu d'une intervention dans le colloque sur le *crowdfunding* organisé au Centre juridique franco-allemand de l'université de Sarrebruck le 27 juin 2014. L'auteur tient ici à remercier chaleureusement Florence NDiaye pour son invitation et pour son enthousiasme communicatif.

3 PANDO (Annabelle), « Le *crowdfunding* bientôt doté d'un cadre juridique spécifique », in Les Petites affiches (LPA), 4 mars 2014, n° 45, p. 3.

4 LEGEAIS (Dominique), « *Crowdfunding* », in Revue trimestrielle du droit commercial (RTD Com.), 2014, p. 672.

mission du 27 mars 2014[5]. Cette définition, très sommaire, retient que le *crowdfunding* consiste généralement « à récolter des fonds auprès du public pour financer un projet spécifique ». C'est un canal protéiforme de financement comportant trois modalités principales : le *crowd sponsoring* ou *crowd giving* (le mécénat participatif), le *crowd landing* (le prêt rémunéré) et, celui qui nous intéresse le plus ici, le *crowd investing* (financement participatif avec offre au public de titres financiers). La Commission précise que cette activité a permis de financer en Europe près d'un demi-million de projets, générant 735 millions d'euros en 2012, avec une projection de près d'un milliard d'euros en 2013. Ces volumes sont faibles par rapport au financement par le crédit ou par appel au marché financier classique. Toutefois, la Commission souligne le fort potentiel du *crowdfunding* et son rôle de complément indispensable du financement de l'économie réelle.

Assurément, les différents types de *crowdfunding* appellent un traitement juridique global justifié par l'identité de certaines problématiques au nombre desquelles figurent la protection de l'apporteur de financement, le respect de la destination du financement, le contrôle de la plateforme de drainage des fonds, la lutte contre le blanchiment des capitaux[6]. D'autres problématiques existent, spécifiques à chaque type de *crowdfunding*. Des trois variétés les plus répandues, c'est le *crowd investing* qui semble incontestablement receler la plus grande complexité juridique[7], au double regard du statut des gestionnaires de plateformes de sollicitation du public sur l'internet et du régime de l'offre de titres financiers à ce public. Cette complexité véhicule l'enjeu de protection des apporteurs de

---

5 Communication de la commission au Parlement européen, au Conseil, au Comité économique et social européen et au Comité des régions, Libérer le potentiel du financement participatif dans l'Union européenne, Com (2014) 172 final, disponible en ligne sous le lien suivant: http://ec.europa.eu/internal_market/finances/docs/*crowdfunding*/140327-communication_fr.pdf.

6 LE FUR (Anne-Valérie), « Enfin un cadre juridique pour le *crowdfunding*, une première étape dans la réglementation », in Recueil Dalloz (D.), 2014, p. 183, spéc. n° 3.

7 PERRUCHOT-TRIBOULET (Vincent), « Le nouveau cadre du financement participatif », in Chronique d'ingénierie patrimoniale, Juris-Classeur périodique édition Notariale (JCP N), 2014, 1326, spéc. n° 4.

financement. En droit de l'Union, ce *crowd investing* interroge naturellement sur son régime, notamment par rapport à la liberté d'établissement, à la libre prestation de services et à la libre circulation des capitaux. Question d'autant plus cruciale qu'étant implanté sur internet, une plateforme peut être localisée n'importe où dans le monde, ce qui génère des risques dont l'appréhension varie selon que l'apporteur de fonds est rémunéré ou n'est pas rémunéré.

D'une manière générale, le *crowdfunding* interroge le droit de l'UE tantôt sous l'angle des institutions qui le charpente, tantôt sous l'angle de la qualification des opérations qu'il déploie. Une plateforme de *crowdfunding* est-elle un établissement de crédit ou bien une entreprise d'investissement ? Les opérations mobilisées par le *crowdfunding* relèvent-elles du crédit ou du service d'investissement ? Je vais ici laisser de côté les aspects purement bancaires traités par mon collègue Jérôme Lasserre-Capdeville et m'en tenir strictement au droit financier de l'UE.

Ici, le droit financier de l'Union demeure en réalité assez virtuel pour la raison que l'Union ne comporte pas de règlementation spécifique du *crowdfunding*. Dans l'attente de cette règlementation encore hypothétique, on peut tenter de rechercher dans le cadre juridique existant ce qui peut permettre d'asseoir un régime du *crowdfunding* dans le marché intérieur. Un élément de référence intéressant réside dans la règlementation française issue de l'ordonnance n° 2014-559 du 30 mai 2014 relative au financement participatif[8]. Non pas pour l'étudier en elle-même, mais pour

---

[8] L'expression « financement participatif » étant la traduction française du *crowdfunding*. En outre la règlementation française du *crowdfunding* a suscité en France un intérêt des commentateurs dont l'ampleur suscite l'étonnement eu égard à un phénomène économique certes intéressant mais d'une importance somme toute encore mineure. Sur cette réforme voir notamment: BONNEAU (Thierry), « Le financement participatif », in Juris-Classeur périodique édition Entreprise (JCP E), 2014, 1523; CONAC (Pierre-Henri), « Le nouveau régime du financement participatif », in Revue des Sociétés (Rev. Sociétés), 2014, p. 461; CREDOT (Francis-Jérôme) et SAMIN (Thierry), « Financement participatif », in Revue de droit bancaire et financier (RD banc. fin.), 2014, comm. 163; GACHET (Baptiste) et LE PENDEVEN (Benjamin), « La France paradis du *crowdfunding* equity », in Revue des Juristes de Sciences Politiques (RJSP), 2014, 97; GRANIER (Thierry) et CHAPIER-

ce qu'elle révèle en creux de la nécessité d'une règlementation de l'Union du *crowdfunding*. En effet, le droit français, comme le droit anglais ou italien, ont élaboré des règlementations aussi récentes que spécifiques du *crowdfunding* qui stigmatisent, par leur existence même, l'inadaptation du droit financier de l'Union au *crowdfunding*. Ce n'est pas à dire que cette inadaptation est absolue. Bien au contraire, les droits nationaux s'inspirent peu ou prou du droit de l'Union pour traiter certains aspects du *crowdfunding*. Sur cette base, il convient de présenter successivement l'inadaptation apparente du droit financier de l'Union au *crowdfunding* (I) et les perspectives d'une adaptation effective du droit de l'Union à ce mécanisme (II).

I – INADAPTATION APPARENTE DE L'ACTUEL DROIT FINANCIER DE L'UE AU CROWDFUNDING

L'inadaptation au *crowdfunding* du droit financier de l'Union dans son état présent relève de l'évidence. Cette évidence tient à la disproportion qui existe entre la dimension somme toute assez modeste de l'économie collaborative irriguée par le crowdfunding et le cadre juridique financier de l'UE conçu pour une activité économique plus vaste sur un triple plan institutionnel, matériel et géographique. Ainsi, les exigences d'organisation matérielle et humaine de fonds propres nécessaires à l'obtention du passeport unique des entreprises d'investissement apparaissent manifestement trop lourdes pour le *crowdfunding*. Il en va de

---

GRANIER (Nadège), « Le financement participatif (*crowdfunding*) révélateur des limites actuelles du système bancaire et financier », Mélanges en l'honneur de Paul Le Cannu, Dalloz-Lextenso-Thomson Transactive, 2014, p. 479; MOULIN (Jean-Marc), « Régulation du *crowdfunding* », in Bulletin Joly Bourse (Joly Bourse), 2014, p. 356; MULLER (Anne-Catherine), « Création du statut de conseiller en investissement participatif », in RD banc. fin., 2014, comm. 149; PORACCHIA (Didier) et VELARDOCCHIO (Dominique), « Le financement participatif par offre de titres financiers », in Bulletin Joly Sociétés (Joly Sociétés), 2014, p. 742; RONTCHEVSKY (Nicolas), « Instauration d'un cadre juridique du financement participatif », in RTD Com., 2014, p. 662.

même des conditions d'offre au public de titres financiers considérée sous l'angle du droit de l'Union. Cependant, rien n'interdit en principe à une entreprise d'investissement au sens du droit de l'Union de pratiquer le *crowdfunding* dès lors qu'elle se conforme aux règles nationales (ou profite de l'absence de règles nationales) en cette matière. On observe en outre que ces règles nationales s'inspirent peu ou prou du droit financier de l'Union tel qu'il est. Aussi constate-t-on que l'inadaptation du droit financier de l'Union au *crowdfunding* supporte la nuance, tant dans son cadre institutionnel (A) que dans son cadre matériel (B).

A – Inadaptation apparente du cadre institutionnel

Le droit financier de l'Union applicable au *crowdfunding* paraît manifestement inadapté à cette technique de financement. Cette inadaptation tient au caractère surdimensionné du cadre institutionnel existant, même quand il s'agit d'assurer un financement d'amplitude assez modeste. Le droit français s'inspire cependant de ce cadre européen inadapté pour baliser la pratique du *crowdfunding* dans son ordre juridique. Considérons dès lors, dans un premier temps, le caractère surdimensionné du droit de l'Union existant (1) et, dans un second temps, l'adaptation de ce cadre européen en droit français (2).

1) Un droit financier de l'Union surdimensionné

Sur le fond des choses, le cadre institutionnel du *crowdfunding* en droit de l'UE pose la question du statut des plateformes et, par voie de conséquence, celle de leur rayon d'action. Ce rayon d'action interroge à son tour le droit de l'UE sur l'éligibilité de ces plateformes à la liberté d'établissement, à la libre prestation de services et à certains aspects de la libre circulation des capitaux.

Très concrètement, on peut se demander si les plateformes de *crowdfunding* sont des entreprises d'investissement. Si l'on s'en tient strictement au droit de l'Union, la réponse sera positive dès lors que ces plateformes répondent à la définition que donne le règlement 600/2014 « MIF 2 » de l'entreprise d'investissement : « toute personne morale dont l'occupation ou l'activité habituelle consiste à fournir un ou plusieurs services d'investissement à des tiers et/ou à exercer une ou plusieurs activités d'investissement à titre professionnel » (art. 4 § 1, 1). Or, à partir du moment où une plateforme de *crowdfunding* offre de façon habituelle des titres financiers au public, assure la négociation pour compte propre ou pour compte de tiers, voire l'exécution d'ordre, pour ne citer que ces exemples, c'est une entreprise d'investissement. Elle doit donc être agréée comme telle par l'autorité nationale compétente et régulée aussi bien par une autorité nationale de surveillance que par l'Autorité européenne des marchés financiers. Quant aux exigences de dotation en fonds propres, elles seront ici allégées, compte tenu de la dimension assez modeste de l'activité, ainsi que le prévoient le règlement (UE) n° 575/2013 du 26 juin 2013[9] et la directive 2013/36 également du 26 juin 2013[10].

L'une des questions les plus importantes ici est de savoir si une plateforme de *crowdfunding* peut acquérir le statut de plateforme de négociation au sens du droit de l'Union. A noter que le règlement 600/2014 « MIF 2 » englobe trois éléments dans les plateformes de négociation: les marchés réglementés, les systèmes multilatéraux de négociation, MTF et les systèmes organisés de négociation, OTF. On exclura d'emblée qu'une plateforme de *crowdfunding* puisse consister dans un marché réglementé. En effet, les contraintes juridiques et prudentielles, ainsi que les volumes financiers mobilisés par un marché réglementé, sont surdimensionnés par rapport au *crowdfunding*. Ces arguments valent *mutatis mutandis* pour les MTF. Demeurent les OTF qui sont une innovation du règlement 600/2014 « MIF 2 ». Ils sont tout à fait compatibles avec le *crowdfunding* si on en juge par leur définition : « système multilatéral autre qu'un marché réglementé ou un MTF au sein duquel de multiples intérêts acheteurs et vendeurs exprimés par des tiers pour des obligations, des produits financiers structurés et quotas d'émission ou des instruments dérivés peuvent interagir d'une manière qui aboutisse à la conclusion de contrats conformément au titre II de la présente directive » (art. 4 § 1, 23). On observe que seuls certains produits financiers seront négociés dans les

---

[9] Art. 28.
[10] Art. 95 et 96.

OTF, notamment les obligations, à l'exclusion des actions. Les OTF constituent en réalité une catégorie résiduelle de marché financier ayant vocation à encadrer tous les marchés alternatifs autres que les MTF, et donc le *crowdfunding*, afin d'en assurer une efficace régulation. Toutefois, les Etats membres conservent une grande latitude dans l'autorisation de création d'OTF (art. 5, règlement 600/2014 « MIF 2 »).

En pratique, la société européenne pourrait, à l'occasion, servir de canal de développement du *crowdfunding* transfrontalier[11]. Non pas tant que cette forme de société détienne une appétence particulière à la pratique du *crowdfunding*, mais parce que sa forme juridique même pourrait être de nature à rassurer les investisseurs sur le sérieux de l'opération en cause. Cependant, l'ensemble de la règlementation européenne des entreprises d'investissement ne sied pas vraiment au *crowdfunding*. Sa densité et ses contraintes propres dissuadent par avance quiconque entend *ab initio* s'y appuyer pour créer et développer une activité de *crowdfunding*. Pour autant, le propos supporte la nuance dès lors qu'une entreprise d'investissement déjà en place entend se lancer dans le *crowdfunding*. Qui peut le plus, peut le moins ! Pour peu que cette entreprise d'investissement déjà en place satisfasse aux exigences nationales ou profite de l'absence d'une telle législation, le *crowdfunding* s'ouvre à elle.

2) Adaptation du droit de l'Union par le droit français

A considérer les choses sous le prisme du droit français issu de l'ordonnance du 30 mai 2014, le passeport unique des entreprises d'investissement permet incidemment de pratiquer le *crowdfunding*[12]. En effet, toute personne désireuse de gérer une plateforme de *crowdfunding* doit soit avoir été agréée comme prestataire de services d'investissement, PSI, soit être enregistrée comme conseiller en investissement participatif, CIP. En droit français, un PSI représente soit un établissement de crédit,

---

[11] rappr. PORACCHIA (Didier) et VELARDOCCHIO (Dominique), « Le financement participatif par offre de titres financiers » op. cit., p. 742, n° 3.
[12] rappr. MOULIN (Jean-Marc), « Régulation du *crowdfunding* », op. cit., p. 356.

soit une entreprise d'investissement, l'un et l'autre agréés pour effectuer des prestations de services d'investissement. Or ces deux catégories de professionnels tirent leur existence du droit de l'Union, lequel se trouve également à l'origine du passeport unique permettant aux unes et aux autres de pratiquer leurs activités dans l'ensemble des Etats membres.

Quant au conseiller en investissement financier, CIF, peut-il tenir une plateforme de *crowdfunding* ? Selon le règlement n° 600/2014 (MIF 2), ce professionnel a pour activité « la fourniture de recommandations personnalisées à un client, soit à sa demande, soit à l'initiative de l'entreprise d'investissement en ce qui concerne une ou plusieurs transactions portant sur des instruments financiers » (art. 4 § 1, 4). En réalité, le statut de CIF paraît une fois de plus surdimensionné par rapport au *crowdfunding*, notamment au regard des exigences inhérentes en fonds propres. Le CIF constitue cependant le modèle à partir duquel l'ordonnance française du 30 mai 2014 forge le CIP au statut cependant beaucoup plus souple et léger. Plus généralement, les obligations mises à la charge des professionnels du *crowdfunding* (gestionnaires de plateforme) seraient inspirées par les textes MIF[13].

Plus précisément, le CIF se distingue très nettement du CIP eu égard à la relation avec la clientèle. Le premier délivre des recommandations personnalisées là où le second se cantonne dans un rôle d'intermédiaire entre les entités en quête de financement et les apporteurs de financement[14]. Le CIP, quant à lui, se présente comme un intermédiaire diffusant des titres afférents à un financement participatif au moyen d'une plateforme idoine. Autant dire que CIF et CIP recouvrent deux catégories de professionnels aux statuts complètement différents[15].

D'une manière générale, le droit français n'autorise le *crowdfunding* qu'aux plateformes établies en France. Cette approche n'est compatible avec le

---

13 BONNEAU (Thierry), « Le financement participatif », in JCP E, 2014, 1523, n° 3; KEÏTA (Boubacar), « Un cadre juridique pour le financement participatif », in LPA, 5 septembre 2014, n° 178, p. 7.

14 BONNEAU (Thierry), ibid. n° 22.

15 GRANIER (Thierry), « Le statut des plateformes de souscription de titres financiers », in Joly Sociétés, 2014, p. 750.

droit de l'UE que si le droit français admet qu'une entreprise d'investissement dûment agréée dans un autre Etat membre, détient à ce titre le droit de pratiquer le *crowdfunding* en France en mettant en œuvre le droit d'établissement. En pareil cas, ce n'est pas tant l'activité spécifique de *crowdfunding* qui est déterminante que la qualité d'entreprise d'investissement de la plateforme. De façon asymétrique, faute de détenir le passeport unique d'établissement de crédit ou d'entreprise d'investissement délivré par l'ACPR, un CIP ne peut bénéficier ni de la liberté d'établissement, ni de la libre prestation de services pour pratiquer le *crowdfunding* dans d'autres Etats membres[16]. Le CIP verra donc son activité circonscrite au territoire français, sauf à lui de s'implanter dans tout autre Etat membre en se conformant au droit local régissant le *crowdfunding*. Une telle implantation pourrait néanmoins être tributaire du droit de l'Union si le CIP français sollicitant une autorisation d'exercice du *crowdfunding* dans un autre Etat membre, subit une discrimination fondée sur la nationalité. En pareil cas, ce CIP pourrait se prévaloir de l'égalité de traitement dans l'accès au marché local du *crowdfunding* dans les mêmes conditions que les impétrants autochtones.

Quant à la libre prestation de services, elle doit pouvoir être compatible avec le *crowdfunding* à deux conditions : premièrement, que le professionnel dispose du statut d'établissement de crédit ou d'entreprise d'investissement ; deuxièmement, que les produits financiers en cause entrent dans le champ des prestations de service d'investissement. Il en résulte que le CIP ne saurait bénéficier de la liberté d'établissement faute pour lui d'être titulaire du passeport unique[17]. Pour finir sur ce point, on conviendra volontiers que pour les deux libertés d'établissement et de libre prestation de services, l'absence de cadre européen harmonisé est source de divergences potentielles entre les Etats membres.

---

16 LE FUR (Anne-Valérie), « Enfin un cadre juridique pour le *crowdfunding*, une première étape dans la réglementation », op.cit., spéc. n° 28.

17 L'interdiction vaut également, *mutatis mutandis*, pour l'intermédiaire en financement participatif dont l'activité est dédiée au *crowd lending* (financement participatif par voie de prêt).

B – Inadaptation apparente du cadre matériel

A considérer le cadre matériel du *crowdfunding* en droit de l'Union, les choses apparaissent plus simples. La prégnance du droit de l'Union s'exerce en effet plus aisément ici, sinon dans toutes les règlementations nationales existantes, du moins en droit français. En l'occurrence, le droit financier de l'Union affiche des exigences qui demeurent constantes dans le *crowdfunding* comme en toute matière (1), mais également d'autres dont le caractère modulable permet l'épanouissement du *crowdfunding* (2).

1) Exigences constantes

Qu'il s'agisse de négociations pour compte propre ou pour compte de tiers, d'exécution d'ordre ou de tout autre service d'investissement, le *crowdfunding* ne se démarque pas du régime assez contraignant de ces opérations quand la plateforme est une entreprise d'investissement. Il apparaît également que la plateforme de *crowdfunding* agréée comme entreprise d'investissement dans un Etat membre doit se soumettre aux règles nouvelles que le règlement et la directive du 16 avril 2014 prévoit pour les abus de marché. En outre, on ne conçoit pas que ces plateformes puissent échapper au régime européen de lutte contre le blanchiment de capitaux. En effet, la modestie des sommes collectées auprès de chaque apporteur de fonds pris individuellement ne doit pas faire ici obstacle. Par ailleurs, une attention particulière doit être portée aux clients apporteurs de fonds contre rémunération. Assez souvent, il s'agira de clients non avertis envers lesquels la plateforme de *crowdfunding* sera astreinte à une obligation de mise en garde au regard de la sophistication et de la complexité des produits offerts. Ce d'autant plus que le règlement 600/2014 « MIF 2 » élargit considérablement la catégorie des clients non avertis.

2) Exigences modulables

Le *crowdfunding* doit pouvoir aussi profiter des assouplissements que le droit financier de l'UE prévoit dans les règles gouvernant certains services d'investissement. Le prospectus financier au régime fort contraignant en fournit un exemple remarquable. Ainsi, il n'y a pas offre au public au sens de la directive « prospectus » n°2003/71 du 4 novembre

2003 quand le volume global de l'opération est inférieur à 5 millions d'euros et porte sur moins de 50% du capital de l'émetteur. Il appartient à chaque Etat membre de décliner cette dérogation au *crowdfunding*, ainsi que vient de le faire la France[18]. En réalité, la dispense du prospectus financier traditionnel dans le *crowdfunding* tel que l'envisage le droit français, cède la place à « l'exigence d'un petit prospectus »[19] destiné à assurer une information appropriée des apporteurs de financement[20]. Ce document informatif doit décrire précisément la structure de gouvernance et de fonctionnement de la plateforme, son activité et l'évolution de cette activité, l'opération en cause, la part prise par les dirigeants dans cette opération[21] ...

Il y a également dispense de prospectus quand l'offre au public de titres financiers s'adresse à un cercle restreint d'investisseurs, à savoir moins de 150 personnes calculé par Etat membre. Dès lors, une offre au public de produits financiers *crowdfunding* peut être adressée, avec dispense de prospectus, à 149 multipliés par 28 Etats membres, ce qui donne 4172 investisseurs potentiels. Ce n'est pas du tout négligeable.

II - VERS UNE ADAPTATION EFFECTIVE DU DROIT FINANCIER DE L'UE

Si le droit de l'Union ne s'est pas pour l'heure attelé à une règlementation spécifique du *crowdfunding*, elle y songe. La communication produite par la Commission le 27 mars 2014 en témoigne. Ce texte révèle une attitude fort prudente de l'Union face à l'exigence d'une règlementation du *crowdfunding* (A), ce qui ne dissuade pas d'esquisser des éléments de cette éventuelle règlementation (B).

---

18 CONAC (Pierre-Henri), « Le nouveau régime du financement participatif », op. cit., p. 461.

19 Règlement général de l'AMF (art. 217-1).

20 PERRUCHOT-TRIBOULET (Vincent), « Le nouveau cadre du financement participatif », op.cit., spéc. n° 8.

21 BONNEAU (Thierry), « Le financement participatif », op.cit., n° 7-8.

A – Une prudence affichée de la Commission

Les perspectives d'avenir du *crowdfunding* en droit financier de l'UE sont avant toute chose à rechercher dans la communication de la Commission publiée le 27 mars 2014. Ce texte fait suite à une consultation publique effectuée entre octobre 2013 et décembre 2013. En substance, la Commission poursuit ici trois objectifs : d'abord, créer un groupe d'experts de haut niveau chargé d'apporter conseils et expertise à la Commission en matière de *crowdfunding* ; ensuite, sensibiliser par l'information et améliorer les règles du *crowdfunding* ; enfin, assurer un suivi des évolutions des règles nationales, promouvoir les bonnes pratiques, créer un label et évaluer la pertinence d'une réglementation de l'Union. Autant dire que l'approche de la Commission demeure assez prudente.

Bien que certains le demandent, la mise en place d'un cadre harmonisé du *crowdfunding* n'est pas d'actualité pour la Commission. Les Etats membres conservent donc toute latitude en cette matière, sous réserve de se conformer au droit de l'Union quand le *crowdfunding* entre dans le champ du droit financier existant. En pratique, les Etats-Unis, le Royaume-Uni, l'Italie et la France, pour ne citer que ces exemples, se sont dotés récemment de législations très significatives en la matière. Il est vrai que les Etats membres qui légifèrent sur le *crowdfunding* se mettent aussi en position avantageuse pour le temps où devra intervenir la réglementation de l'Union. En effet, l'Union devra, d'une manière ou d'une autre, se positionner par rapport aux règles nationales existantes qu'elle ne saurait purement et simplement ignorer. On soutient volontiers que la règlementation française de 2014 constituera un modèle pour la réglementation de l'Union à intervenir[22].

---

[22] LE FUR (Anne-Valérie), « Enfin un cadre juridique pour le *crowdfunding*, une première étape dans la réglementation », op.cit., n° 28.

B – Quelques éléments pour une future réglementation de l'Union

Faut-il véritablement que le droit de l'Union légifère sur le *crowdfunding* ? Le seul fait que les Etats-Unis et certains Etats membres aient pris en cette matière le train de la réglementation ne justifie pas en soi l'édiction d'un cadre harmonisé. Si l'on s'en tient à la doctrine française, la nécessité d'une telle intervention ne rencontre pas l'unanimité. Il convient dès lors de poser quelques jalons du débat (1) avant d'en venir au fond des choses (2).

1) Le débat

L'opportunité d'une réglementation du *crowdfunding* en droit de l'Union ne coule pas d'évidence, ainsi que le montre la communication de la Commission de 2014. La question de cette réglementation fait débat sinon parmi les praticiens, du moins au sein de la doctrine. Pour le Professeur Conac, il est peu probable qu'intervienne de sitôt un encadrement réglementaire du *crowdfunding* au niveau de l'Union. Il avance à cela deux raisons à première vue assez convaincantes : d'un côté, la localisation des investisseurs dans un seul Etat membre relativement à une opération donnée, de l'autre côté, la fixation du seuil d'une même opération à un volume d'émission de titres inférieur au seuil de cinq millions d'euros posé par la directive « prospectus »[23]. De ces deux arguments, le premier pourrait être contrarié à l'avenir au gré du développement du *crowdfunding* en particulier au regard d'investisseurs domiciliés dans des zones frontalières de tels et tels Etats membres. Quant au second argument, il ne semble pas non plus que la faible amplitude d'émission de titres *crowdfunding* soit dirimante. Sur ce dernier point, le scepticisme devrait cependant l'emporter car l'échec de la commercialisation des produits financiers de détail à l'échelle de l'Union tend à donner raison au Professeur Conac. Pour autant, et avec toutes les réserves qu'imposent les aléas du processus législatif au sein de l'Union, je souscrirais volontiers à l'idée que

[23] CONAC (Pierre-Henri), « Le nouveau régime du financement participatif », op.cit., p. 461.

l'Union européenne ne pourra se dispenser d'édicter, à l'avenir, une réglementation du *crowdfunding* valant pour tous ses Etats membres[24].

2) Le fond du droit à venir

Concernant le contenu de la réglementation de l'Union à venir, il convient d'envisager la matière, une fois de plus, sous les deux angles institutionnel et matériel. Considérons les choses dans un premier temps sous l'angle institutionnel. Le *crowdfunding* affiche, à tout le moins en France, une ambition de désintermédiation bancaire. Cette désintermédiation traduit une double défiance, celle des établissements de crédit à l'encontre de projets peu fiables ou de trop faible volume pour retenir leur attention, celle des initiateurs de projets et/ou des apporteurs de fonds en quête de modes de financement alternatifs. Cette désintermédiation peut résulter plus objectivement de l'exigence de solutions alternatives au financement classique sous la pression de phénomènes procycliques. Une telle désintermédiation ne vaut que pour les établissements de crédit et n'emporte pas pour autant suppression de toute intermédiation en matière de *crowdfunding*. Ainsi, dans un souci de protection des investisseurs, le *crowdfunding* exige l'intermédiation d'un CIP ou d'un PSI en charge d'une plateforme idoine.

Dans une éventuelle réglementation du *crowdfunding* en droit de l'Union, que faudra-t-il faire ? Nul ne songerait à supprimer toute intermédiation en cette matière, sous peine d'exposer la « foule » des apporteurs de financement aux risques les plus divers de détournement, de fraude... Dans le cas particulier du *crowdfunding* financier, il conviendrait soit de soumettre les plateformes de *crowdfunding* aux statuts des OTF, soit de les faire encadrer par des CIF au statut assoupli, soit, en tout état de cause, de faire contrôler toute plateforme de *crowdfunding* par une autorité nationale compétente après en avoir soumis leur création à des lignes directrices prescrites, par exemple, par l'ABE et l'AEMF. Il est encore suggéré d'encadrer à l'échelle de l'Union les plateformes de *crowdfunding* au moyen

---

24 GRANIER (Thierry), « Le statut des plateformes de souscription de titres financiers », op.cit., p. 740; MOULIN (Jean-Marc), « Régulation du *crowdfunding* », op.cit., p. 356.

d'un statut dérogeant aux textes MIF ; ce statut consisterait dans des entreprises d'investissement allégées, notamment au regard des exigences en fonds propres[25].

Envisageons à présent la future réglementation de l'Union du *crowdfunding* sous un angle matériel. *De lege ferenda*, le droit de l'Union devrait laisser le soin aux Etats membres de légiférer sur le *crowd giving*. Et si l'Union tient absolument à légiférer sur cette matière, elle devrait prévoir une harmonisation optionnelle ou se borner à prescrire des recommandations à l'adresse des Etats membres. En effet, le don implique le désintéressement, ce qui n'appelle pas de protection particulière du donateur par *crowd giving*, réserve faite de son incapacité. Ce retrait des mécanismes protecteurs ne saurait pour autant faire l'économie d'une certaine transparence destinée à assurer la traçabilité des opérations[26]. Le droit français peut, à cet égard, constituer une bonne source d'inspiration. En effet, les plateformes de *crowdfunding* sollicitant des dons du public disposent en matière d'agrément d'une option : en demander un ou s'affranchir d'une telle demande. L'absence de contrepartie pour le public de donateurs réduit considérablement l'intérêt de l'agrément dont la vocation de filtrage d'accès à un statut vise en définitive la protection de la clientèle du bénéficiaire de l'autorisation.

Plus substantiellement, l'enjeu de la réglementation du *crowdfunding* réside dans l'information destinée aux investisseurs apportant des fonds en contrepartie de titres financiers. Bien entendu, il ne saurait être question d'étendre purement et simplement au *crowdfunding* le régime habituel du prospectus financier, sous peine d'asphyxier la technique naissante. *De lege ferenda*, le droit de l'Union serait fort inspiré de se borner à prescrire aux émetteurs l'établissement d'un « miniprospectus » dont le cadre juridique devrait être fixé, sinon par règlement ou directive, du moins être dessiné au moyen de lignes directrices de l'ABE et/ou de l'AEMF.

---

25 GACHET (Baptiste) et LE PENDEVEN (Benjamin), « La France paradis du *crowdfunding* equity », op.cit., 97 *in fine.*

26 DE VAUPLANE (Hubert), « *Crowdfunding* : pour une alter régulation », in Joly Bourse, 2014, p. 338.

Pour conclure, on relèvera que l'encre des lois nationales et de la communication de la Commission était à peine sèche que l'on s'interrogeait déjà sur la possible récupération du *crowdfunding* par les établissements de crédit et les entreprises d'investissement traditionnelles[27]. D'ailleurs, il paraît inconcevable qu'un établissement de crédit ou une entreprise d'investissement se désintéresse du *crowdfunding* dès lors qu'il est convaincu de son potentiel économique. Bien avant l'adoption de l'ordonnance française de 2014, des établissements de crédit de cet Etat membre ont noué des partenariats avec certains sites de *crowdfunding*[28]. Il demeure que si récupération il y a, ne s'agirait-il pas là d'une reconnaissance tout à la fois de la pertinence, de la viabilité et de la vitalité de ce mode alternatif de financement?

---

27 LEGEAIS (Dominique), « *Crowdfunding* », op.cit., p. 672.

28 PANDO (Annabelle), « Le *crowdfunding* bientôt doté d'un cadre juridique spécifique », op.cit., p. 3.

La réforme du crowdfunding en droit français: les aspects du droit bancaire

Jérôme LASSERRE CAPDEVILLE[1]

[1] Maître de conférences HDR, Université de Strasbourg.

L'ordonnance n° 2014-559 du 30 mai 2014[2], prise sur le fondement de l'article 1er de la loi n° 2014-1 du 2 janvier 2014, vient de créer, dans notre Code monétaire et financier, un cadre juridique relatif à un nouveau mode de financement : le financement participatif[3] (dit aussi *crowdfunding*[4]). Celui-ci peut se définir comme un financement opéré sans l'aide des acteurs traditionnels du financement, notamment bancaires, reposant sur l'appel à un grand nombre de personnes pour financer un projet. Ce financement peut prendre la forme d'un don (*crowd sponsoring*), mais aussi d'un prêt (*crowd lending*) ou de souscriptions au capital de sociétés (*crowd investing*). La contribution est généralement recueillie par un intermédiaire (le plus souvent une plateforme électronique) pour le compte du porteur.

Cet encadrement légal était devenu nécessaire, ces techniques de financement commençant, progressivement, à prendre de l'importance dans

---

2 Ordonnance n° 2014-559 du 30 mai 2014 relative au financement participatif : Journal Officiel (JO) 31 mai 2014, p. 9075; Juris-Classeur périodique, édition Entreprise (JCP E) 2014, obs. NOTTE (Gérard); Revue Banque 2014, n° 774, p. 74, obs. STORRER (Pierre); Banque et droit 2014, n° 156, p. 48, obs. LASSERRE CAPDEVILLE (Jérôme); Revue de droit bancaire et financier (RD banc. fin.) 2014, comm. 163, obs. CREDOT (Francis-Jérôme) et SAMIN (Thierry); Revue des sociétés (Rev. sociétés) 2014, p. 461, obs. CONAC (Pierre-Henri); Revue trimestrielle de droit commercial (RTD com.) 2014, p. 662, obs. RONTCHEVSKY (Nicolas); RTD com. 2014, p. 672, obs. LEGEAIS (Dominique) ; MOULIN (Jean-Marc), « Régulation du *crowdfunding* : de l'ombre à la lumière » in Bulletin Joly Bourse (Joly Bourse) 2014, p. 356.; BONNEAU (Thierry), « Le financement participatif » in JCP E 2014, p. 1523; LE FUR (Anne-Valérie), « Enfin un cadre juridique pour le *crowdfunding*, une première étape dans la réglementation » in Recueil Dalloz (D.) 2014, p. 1831.

3 Cette notion ne doit, bien entendue, pas être confondue avec les prêts participatifs envisagés par les articles L.313-13 et suivants du Code monétaire et financier, qui sont pour mémoire des financements à long terme permettant de soutenir les petites et moyennes entreprises, PME, et les petites et moyennes industries, PMI, qui ont des difficultés persistantes à se procurer des fonds propres.

4 RICORDEAU (Vincent), *Crowdfunding* : le financement participatif bouscule l'économie !, Fyp, 2013; ROUSSILLE (Myriam), « Le *crowdfunding* », in Juris-Classeur périodique édition Générale (JCP G) 2013, p. 653.

notre économie[5]. Ainsi, en 2012, entre 25[6] et 40[7] millions d'euros auraient transité sur les plateformes dédiées au financement participatif. Ce chiffre aurait atteint 80 millions d'euros l'année suivante. Aujourd'hui, on compterait 70 plateformes pratiquant en France le *crowdfunding* sous l'une de ces trois formes.

Conscientes de l'ampleur prise en France par le phénomène du financement participatif, l'Autorité des marchés financiers, AMF et l'Autorité de contrôle prudentiel et de résolution, ACPR s'étaient attachées à clarifier, à partir du mois de mai 2013, le cadre réglementaire de cette activité. Elles avaient ainsi publié deux guides de financement participatif, l'un à destination du public, l'autre à destination des plateformes et des porteurs du projet[8]. Les deux régulateurs ont par la suite lancé une consultation publique concernant le *crowdfunding*[9]. La Commission européenne a fait de même à la fin de l'année 2013 sur le financement participatif en Europe[10]. L'évolution de notre droit, par la voie de l'ordonnance, était donc attendue[11].

Il est vrai que ce financement est de nature à poser des difficultés avec certains monopoles envisagés par le Code monétaire et financier. Rappelons, d'une part, que l'article L.511-5 de ce code envisage le monopole

---

5 ROUTIER (Richard), « Le prêt entre particuliers sur internet: un financement alternatif ? » in D., 2008, p. 2960.

6 ROUSSILLE (Myriam), ibid.

7 JO de l'Assemblée nationale, 29 avr. 2014, question écrite n° 54600.

8 Cahiers de droit de l'entreprise, mai 2013, act. 4 ; Rev. sociétés 2013, p. 454, obs. CONAC (Pierre-Henri).

9 Rev. sociétés 2013, p. 454, obs. CONAC (Pierre-Henri); Communiqué AMF-ACP, 14 mai 2013, Joly Bourse, juin 2013, p. 301.

10 « Financement participatif en France: consultation publique », in La Gazette du Palais (Gaz. Pal.), 9 nov. 2013, n° 313, p. 6.

11 VAUPLANE (Hubert de), « *Crowdfunding* : lever les obstacles juridiques » in Revue Banque, mars 2013, n° 758, p. 81; VAUPLANE (Hubert de), « *Crowdfunding* : pour une alter régulation » in Joly Bourse, juillet 2013, p. 338; MOULIN (Jean-Marc), « La régulation du *crowdfunding* à la française » in RD banc. fin., 2013, étude 19.

bancaire[12]. Il interdit ainsi « *à toute personne autre qu'un établissement de crédit ou une société de financement d'effectuer des opérations de crédit à titre habituel* », mais aussi « *à toute personne autre qu'un établissement de crédit de recevoir à titre habituel des fonds remboursables du public ou de fournir des services bancaires de paiement*[13] ». La violation de ce monopole est punie par le délit d'exercice illégal de la profession de banquier prévu par l'article L.571-3 du même code. D'autre part, l'article L.521-2 interdit, quant à lui, à toute personne autre que celles mentionnées à l'article L.521-1 du code, c'est-à-dire les établissements de crédit, les établissements de monnaie électronique et les établissements de paiement, « *de fournir des services de paiement au sens du II de l'article L.314-1 à titre de profession habituelle* ». Le non-respect de ce monopole, intéressant les prestataires de services de paiement, est également sanctionné pénalement par l'article L.572-5 du Code monétaire et financier.

Il n'est donc pas surprenant de constater que l'ordonnance n° 2014-559 du 30 mai 2014 ait prévu des dispositions ayant directement un impact sur le monopole bancaire (I) mais également sur le monopole des prestataires de services de paiement (II). L'idée est que les prêteurs, comme les plateformes pratiquant le financement participatif, ne puissent pas méconnaître ces monopoles. Depuis lors, cette ordonnance a été complétée par le décret n° 2014-1053 du 16 septembre 2014[14] et des arrêtés des 22 et 30 septembre 2014[15].

---

[12] Sur l'évolution récente du contenu de cet article, Banque et droit 2014, n° 152, p. 47, obs. LASSERRE CAPDEVILLE (Jérôme).

[13] Notons que pour ces services bancaires de paiement, qui concernent essentiellement les chèques, l'exigence d'habitude n'a pas été prévue par le législateur.

[14] Décrêt n° 2014-1053 du 16 sept. 2014 relatif au financement participatif, JO 17 sept. 2014, p. 15228; DELPECH (Xavier), « Publication du décret sur le financement participatif », in Dalloz actualité, 24 sept. 2014, www.dalloz.fr

[15] Arrêté du 22 septembre 2014 portant homologation du règlement de l'AMF, JO 26 sept. 2014, p. 15653; Arrêté du 30 septembre 2014 relatif à la capacité professionnelle des intermédiaires en financement participatif: 1er oct. 2014, p. 15900. L'ACPR et l'AMF ont en outre précisé, récemment, le cadre réglementaire du financement participatif, JCP E 2014, act. 742.

I - LES INCIDENCES SUR LE MONOPOLE BANCAIRE

Cela a été dit précédemment, le monopole bancaire empêche, notamment, les personnes physiques, ou les personnes morales dépourvues de l'agrément bancaire (ou de l'agrément comme société de financement), à consentir, « à titre habituel », des crédits. Pour mémoire, si l'habitude commence, généralement, à partir du second acte[16], la jurisprudence a tenu à préciser en matière de délivrance de crédits que l'octroi de plusieurs prêts à une même personne ne pouvait pas constituer l'habitude[17]. Il est donc nécessaire de pouvoir relever au moins deux bénéficiaires distincts.

L'article L.571-3 du Code monétaire et financier sanctionne de trois ans d'emprisonnement et de 375 000 euros d'amende[18] « *le fait, pour toute personne, de méconnaître* » ce monopole bancaire. L'infraction étant intentionnelle, sa caractérisation implique que le prévenu ait voulu, en connaissance de cause, effectuer des opérations de banque alors qu'il n'avait pas la qualité d'établissement de crédit. Les condamnations demeurent néanmoins relativement rares en la matière[19].

---

[16] Cass. crim., 24 mars 1944 in D. 1944, jurispr. p. 75; Cass. crim., 5 févr. 2003, n° 01-87.052.

[17] Cass. crim., 2 mai 1994, n° 93-83.512 in Bulletin des arrêts de la Cour de cassation: Chambre criminelle (Bull. crim.) 1994, n° 158; JCP E 1995, I, 463, n° 4, obs. GAVALDA (Christian) et STOUFFLET (Jean); Cass. com., 3 déc. 2002, n° 00-16.957 in Bulletin des arrêts de la Cour de cassation: Chambre civile (Bull. civ.) 2002, IV, n° 182; RTD com. 2003, p. 344, obs. LEGEAIS (Dominique); Banque et droit 2003, n° 89, p. 55, obs. BONNEAU (Thierry); JCP E 2003, 853, note DONDERO (Bruno); D. 2003, AJ p. 202 ; Cass. crim., 17 oct. 2007, n° 07-81.038; CA Versailles, 15 sept. 2011, n° 10/08029 in L'Essentiel Droit Bancaire, févr. 2012, p. 2, n° 003, obs. LASSERRE CAPDEVILLE (Jérôme).

[18] Sur les peines complémentaires et accessoires, KOVAR (Jean-Philippe) et LASSERRE CAPDEVILLE (Jérôme), « Droit de la régulation » in Banque éditeur, 2012, n° 54 à 56.

[19] Pour quelques condamnations récentes, Cass. crim., 14 janv. 2009, n° 08-82.095 in Revue de jurisprudence de droit des affaires (RJDA) 2009, n° 665; Cass. crim., 11 févr. 2009, n° 08-83.870 in Gaz. Pal. 2009, p. 3144, note

Notons toutefois que le monopole bancaire n'est pas absolu. Les articles L.511-6 et L.511-7 du Code monétaire et financier visent un certain nombre d'exceptions à ce dernier. D'une façon générale, le premier de ces textes prévoit des dérogations fondées sur la qualité de la personne qui en bénéficie, et le second énumère certaines opérations qui ne sont pas soumises, en elles-mêmes, au monopole. Ces dérogations répondent, en fait, à des nécessités pratiques, sociales et économiques. A titre d'exemple, toute entreprise est en droit de consentir à ses contractants, dans l'exercice de son activité professionnelle, des délais et avances de paiement[20]. Les termes extrêmement larges de cette dérogation permettent à cette dernière d'englober des situations très diverses[21]. C'est ainsi que des fournisseurs sont en droit d'accorder à leur clientèle des avances sur ristournes[22].

Or, jusqu'ici, rien n'était dit à propos du financement participatif. En conséquence, un particulier qui venait à consentir plusieurs crédits, du moins à plusieurs personnes différentes, par l'intermédiaire d'une plateforme pratiquant le financement participatif était susceptible d'être sanctionné sur le fondement du délit d'exercice illégal de la profession de banquier si les crédits en question étaient à titre onéreux[23]. Le risque juridique, de surcroît de nature pénale, « planait ». Sans surprise,

---

LASSERRE CAPDEVILLE (Jérôme); Cass. crim., 22 sept. 2010, n° 90-85.665 in RD banc. fin., 2011, comm. 79, obs. CREDOT (Francis-Jérôme) et SAMIN (Thierry); Cass. crim., 9 mars 2011, n° 10-82.565 in L'Essentiel Droit Bancaire juin 2011, p. 6, n° 085, obs. LASSERRE CAPDEVILLE (Jérôme); CA Chambéry, 6 nov. 2013, n° 13/00129 in Banque et droit 2014, n° 153, p. 49, obs. LASSERRE CAPDEVILLE (Jérôme); Pour une relaxe, CA Versailles, 15 sept. 2011, op.cit.

20 C. mon. fin., art. L.511-7.

21 CA Colmar, 29 juin 2005 in RD banc. fin. 2006, comm. 52, obs. CREDOT (Francis-Jérôme) et SAMIN (Thierry); JCP G 2005, IV, 3771; JCP E 2006, 1850, n° 5, obs. STOUFFLET (Jean); CA Poitiers, 7 avr. 2009 in JCP E 2010, 1496, n° 5, obs. STOUFFLET (Jean).

22 CA Paris, 14 avr. 1999: RJDA 1999, n° 981.

23 Le crédit gratuit échappe quant à lui au monopole. Cette règle est logiquement déduite de l'article L.313-1 du Code monétaire et financier qui requiert, pour caractériser l'opération de crédit, un acte d'une personne « agissant à titre onéreux ».

l'ordonnance du 30 mai 2014 vient modifier l'état de notre droit sur ce point.

L'article 15 de l'ordonnance prévoit ainsi une nouvelle dérogation au monopole bancaire dans l'article L.511-6 du Code monétaire et financier. Au 1er octobre 2014, celui disposera que : *« L'interdiction relative aux opérations de crédit ne s'applique pas (...) aux personnes physiques qui, agissant à des fins non professionnelles ou commerciales, consentent des prêts dans le cadre du financement participatif de projets déterminés, conformément aux dispositions de l'article L.548-1 et dans la limite d'un prêt par projet (...) »*.

Ce passage est riche d'enseignements. Il témoigne du fait que le législateur n'est favorable qu'à une dérogation encadrée au monopole, et partant au délit d'exercice illégal de la profession de banquier[24]. Tout d'abord, l'exception ne va bénéficier qu'aux personnes physiques. Les personnes morales en seront par conséquent exclues. De plus, les intéressés devront agir « *à des fins non professionnelles ou commerciales* ». Leur acte devra donc rester très occasionnel. En outre, la dérogation ne vise que les prêts accordés dans le cadre du financement participatif. Dès lors, en dehors de ce cas, le monopole bancaire et les interdictions qui en découlent devront prévaloir. Soulignons encore que les projets bénéficiaires seront nécessairement ceux qui seront visés par le futur article L.548-1, c'est-à-dire des projets professionnels ou des financements de formation. Enfin, un seul prêt sera possible par projet.

La rigueur des textes ne s'arrête pas là. Le même article L.511-6 encadre le taux conventionnel applicable, qui ne pourra pas dépasser le seuil de l'usure[25]. En outre, l'article L.548-1 du Code monétaire et financier, issu de l'article 17 de l'ordonnance, déclare qu'un décret fixera également les plafonds respectifs des prêts avec intérêt et sans intérêt que chaque prê-

[24] Banque et droit 2014, op.cit, p. 42.

[25] Pour mémoire, l'article L.313-5 du Code de la consommation sanctionne le délit d'usure de 2 ans d'emprisonnement et, depuis la loi n° 2014-344 du 17 mars 2014, de 300 000 euros d'amende (45 000 euros antérieurement).

teur pourra consentir. Celui a été adopté le 16 septembre 2014[26]. Il prévoit un montant de 1000 euros[27].

En résumé, les rédacteurs de l'ordonnance n'ont pas voulu prévoir une dérogation trop large au monopole bancaire. Notre droit a simplement été « ajusté » en la matière. Il en va de même à l'égard du monopole des prestataires de services de paiement.

II - LES INCIDENCES SUR LE MONOPOLE DES PRESTATAIRES DE SERVICES DE PAIEMENT

En ce qui concerne le financement participatif sous forme de dons ou de prêts (avec ou sans intérêt), l'ordonnance prévoit l'intermédiation en financement participatif qui consiste à mettre en relation, au moyen d'un site *Internet*, les porteurs d'un projet déterminé[28] et les personnes finançant ce projet[29]. Un nouveau statut juridique est alors créé par l'ordonnance : celui des intermédiaires en financement participatif « *qui exercent, à titre habituel, l'intermédiation au sens de l'article L.548-1 pour les opérations de prêt à titre onéreux ou sans intérêt* »[30]. Notons que ce statut n'est reconnu qu'aux personnes morales et fait l'objet de diverses limitations par l'article L.548-2. Les personnes dirigeant ou gérant de tels intermédiaires sont soumises, quant à elles, à plusieurs obligations légales, et notamment des exigences d'âge et d'honorabilité[31]. Ces « intermédiaires d'un

---

26 V. *supra*, n° 5.

27 C. mon. fin., art. D.548-1. Le prêt sans intérêt ne peut, quant à lui, dépasser 4 000 euros par prêteur et par projet. Le porteur de prêt ne pourra, en outre, emprunter plus d'un million d'euros par projet.

28 L'article L.548-1 entend le terme de projet comme « un achat ou un ensemble d'achats de biens ou de prestations de service concourant à la réalisation d'une opération prédéfinie en termes d'objet, de montant et de calendrier ».

29 C. mon. fin., art. L.548-1.

30 C. mon. fin., art. L.548-2. Notons qu'en matière de souscriptions au capital de société, l'ordonnance prévoit le cas des plateformes exerçant leur activité en tant que conseillers en investissements participatifs, C. mon. fin., art. L.547-1, I, et s.

31 C. mon. fin., art. L.548-4.

nouveau genre » doivent encore être immatriculés à l'Organisme pour le registre des intermédiaires en assurance, ORIAS[32]. L'article L.573-15 du Code monétaire et financier punit des peines prévues pour l'escroquerie, soit trois ans d'emprisonnement et 375 000 euros, le fait pour toute personne d'exercer l'activité d'intermédiaire en financement participatif « *pour les opérations de prêt avec ou sans intérêt de l'article L.548-1 en violation des articles L.548-1 à L.548-4* »[33], c'est-à-dire les exigences précitées. Ces dernières sont bien entendu beaucoup moins lourdes que l'obtention d'un agrément par le régulateur bancaire.

Mais ces établissements ne risquent-ils pas de porter atteinte au monopole des prestataires de services de paiement ? Pour mémoire, ce monopole concerne les « *services de paiement au sens du II de l'article L.314-1* » lorsque ceux-ci sont réalisés « *à titre de profession habituelle* ». L'article L.314-1 précité définit ainsi, de façon limitative, les services de paiement protégés de la sorte. Nous y retrouvons, notamment:

– les services permettant le versement d'espèces sur un compte de paiement et les opérations de gestion d'un compte de paiement;

– les services permettant le retrait d'espèces sur un compte de paiement et les opérations de gestion d'un compte de paiement;

– l'exécution d'opérations de paiement associées à un compte de paiement réalisées par prélèvements, par cartes bancaires ou par virements;

– l'exécution des opérations de paiement réalisées par prélèvements, par cartes bancaires ou par virements associées à une ouverture de crédit;

– l'émission d'instruments de paiement et / ou l'acquisition d'ordres de paiement;

– ou encore les services de transmission de fonds.

Or, le monopole en question ne risque-t-il pas d'être malmené par les intermédiaires en financement participatif précités ? Une réponse négative s'impose si ces derniers se contentent de mettre en relation, au moyen d'un site *Internet*, les porteurs d'un projet déterminé et les per-

---

32 C. mon. fin., art. L.548-3.

33 Des peines complémentaires sont envisagées par la même disposition.

sonnes susceptibles de le financer. Aucun service de paiement ne peut, en effet, être relevé dans cette situation. Dès lors, le statut d'intermédiaire en financement participatif suffira.

Mais qu'en est-il si l'intermédiaire en financement participatif a un rôle plus important, et notamment s'il reçoit directement des fonds des financeurs pour les transmettre aux porteurs de projet ?[34] Dans un tel cas, les opérations accomplies (encaissement de fonds et libération des fonds par virements) doivent être vues comme des services bancaires de paiement soumis au monopole précité. Notons que cette situation se rencontre en pratique lorsque les sommes sont virées, par les particuliers financeurs, sur un compte ouvert au nom de la plateforme dans l'attente de leur affectation au projet ou de leur restitution aux financeurs dans l'hypothèse où l'objectif de préfinancement ne serait pas atteint.

En conséquence, de telles opérations ne peuvent être réalisées que par un établissement de crédit, un établissement de monnaie électronique ou un établissement de paiement, c'est-à-dire un prestataire de services de paiement. Cette solution apparait très clairement dans le rapport remis au président de la République à propos de l'ordonnance : « *Les intermédiaires en financement participatif peuvent procéder à des transferts de fonds, s'ils sont agréés par ailleurs comme prestataires de services de paiement* »[35]. Ces plateformes pourront donc demander à être agréées sous l'une de ces formes si elles souhaitent réaliser de telles opérations. Il est à regretter, selon nous, que l'ordonnance ne soit pas plus explicite en la matière.

Toutefois, cette solution peut paraître trop rigoureuse. Rappelons en effet que l'obtention et la conservation de tels agréments impliquent le respect de conditions relativement lourdes, notamment concernant le montant des fonds propres à détenir obligatoirement. L'ordonnance trouve alors une solution à ce problème par l'intermédiaire de son article 16. En effet, pour faciliter le développement de cette activité de financement

---

[34] Notons que dans la mesure où ces intermédiaires ne prêtent pas directement de l'argent, ils ne sauraient porter atteinte au monopole bancaire. ROUSSILLE (Myriam), « Le *crowdfunding* », in op.cit., p. 653.

[35] Rapport au Président de la République relatif à l'ordonnance n° 2014-559 du 30 mai 2014 relative au financement participatif, JO, 31 mai 2014, p. 9075.

participatif avec réception des fonds, il est créé un régime prudentiel allégé pour les établissements de paiement[36]. Concrètement, il s'agira d'établissements soumis à un capital minimum réduit et dispensés des règles de fonds propres et de contrôle interne[37], à l'exception de celles relatives à l'externalisation des prestations essentielles et à la protection des fonds. On peut parler, dans ce cas, d'établissements de paiement « light ».

Mais cet article 16 est moins clair qu'il n'y paraît. Il prévoit en effet que les établissements en question ne seront pas autorisés à fournir « *les services de transmission de fonds mentionnés au 6° du II de l'article L.314-1* ». On peut alors s'interroger sur le contenu exact de ce service de paiement. Cependant, les dispositions du Code monétaire et financier ne disent rien sur ce point. En revanche, la directive n° 2007/64/CE du 13 novembre 2007 concernant les services de paiement dans le marché intérieur[38] vient nous renseigner. Ainsi, selon son article 4, § 13, il s'agit d'un service de paiement « *pour lequel les fonds sont reçus de la part d'un payeur, sans création de comptes de paiement au nom du payeur ou du bénéficiaire, à la seule fin de transférer un montant correspondant vers un bénéficiaire ou un autre prestataire de services de paiement agissant pour le compte du bénéficiaire, et/ou pour lequel de tels fonds sont reçus pour le compte du bénéficiaire et mis à la disposition de celui-ci* ».

En conséquence, nous voici en présence d'un statut allégé d'établissement de paiement au champ d'application réduit. Il devrait,

---

36 C. mon. fin., art. L.522-11-1.

37 Les établissements en question seront simplement tenus d'adresser à l'ACPR une déclaration périodique par laquelle ils certifient qu'ils respectent les conditions de l'agrément limité. Ce dernier cessera d'ailleurs un mois après que le régulateur ait constaté que les conditions mentionnées plus haut ne sont plus remplies.

38 BOUTHINON-DUMAS (Hugues), « La directive sur les services de paiement et la concurrence entre les établissements de paiement et les banques » in RTD com. 2009, p. 59. L'ordonnance n° 2009-866 du 15 juillet 2009, JO 16 juill. 2009, p. 11868, entrée en vigueur le 1er novembre 2009, est venue transposer en droit interne les dispositions de cette directive; « Transposition de la directive 2007/64/CE sur les services de paiement » in Banque et droit, Hors série, déc. 2009.

semble-t-il, simplement bénéficier aux établissements recevant des fonds du public et ayant créé des comptes de paiement au nom du payeur ou, plus vraisemblablement, du porteur de projet. En revanche, si les mêmes fonds sont reçus, sans création de comptes de paiement au nom de l'un de ces protagonistes, et dans le seul but de les transférer vers le bénéficiaire, le statut allégé ne suffira pas: les entreprises en question devront être agréées comme établissement de paiement (ou comme établissement de crédit[39] ou établissement de monnaie électronique, c'est-à-dire comme prestataire de services de paiement).

On regrettera, cependant, le manque de précisions de l'ordonnance sur le statut allégé précité. Le rapport au Président de la République n'est d'ailleurs pas plus explicite, puisqu'il se contente d'affirmer, de façon laconique, que ce « *statut est ouvert à d'autres intermédiaires financiers* ». Il serait heureux que le législateur clarifie prochainement cette situation qui ne manquera pas de soulever des questions, selon nous, après l'entrée en vigueur de l'ordonnance[40].

---

[39] Notons d'ores et déjà que les banques veulent tirer parti de ce nouveau marché, WAJSBROT (Steeve), « Les banques s'invitent dans l'écosystème du '*crowdfunding*' » in Les Echos, 7 oct. 2014, p. 27.

[40] L'ordonnance est entrée en vigueur le 1er octobre 2014.

Rechtliche Einordnung des Crowdfundings in Deutschland

Kai BODENSIEK & Caroline LEINEMANN*

* Avocats, cabinet Brehm & v. Moers, Berlin.

1) Was ist Crowdfunding?

Crowdfunding bezeichnet ein Finanzierungsmodell, bei dem ein Anbieter (Produzent) seine Idee der Öffentlichkeit vorstellt, um diese dann durch die interessierten Personen (*Backer*) finanzieren zu lassen. Was zunächst nach Aktien- oder Fondsinvestment klingt, findet heute auf speziellen Internetplattformen statt, wo die Projekte einer großen Internetcommunity vorgestellt werden. Die Internetnutzer dienen als Investoren für die Projekte oder ein bestimmtes Produkt. Die Gegenleistung kann viele Formen annehmen und kann so z.B. in Form von Dankesbekundungen, Sachleistungen, Geldzahlungen, Rechten oder sonstigen Vorteilen im Zusammenhang mit dem Projekt erfolgen (z.B. Preisvergünstigungen nach Veröffentlichung des Produkts). Eine spezielle gesetzliche Grundlage für das *Crowdfunding* fehlt in Deutschland. Daher stellt sich die Frage, wie die verschiedenen Formen des *Crowdfundings* in Deutschland rechtlich zu bewerten sind.

2) Arten des Crowdfundings

Es lässt sich allgemein zwischen mindestens drei verschieden Arten von *Crowdfunding* unterscheiden, die nachfolgend dargestellt werden sollen.

a) Spendenmodell

Das Spendenmodell zeichnet sich dadurch aus, dass der Produzent keine oder wirtschaftlich unbeachtliche Gegenleistungen anbietet, wie z.B. eine Danksagung im Abspann oder auf der Internetseite. Rechtlich betrachtet handelt es sich dabei um eine Schenkung im Sinne von § 536 BGB. Steuerlich abzugsfähig ist eine solche „Spende“ nur bei einer Gemeinnützigkeit des Produzenten und das dürfte selten der Fall sein. Spendenbescheinigungen werden in der Regel nur in dem Land akzeptiert, in dem die Gemeinnützigkeit auch festgestellt wurde, so dass eine steuerliche Geltendmachung bei internationalen Kampagnen selten möglich sein wird.

Beim sog. Spendenmodell hat der Produzent keine Leistungspflicht. Darüber hinaus kann der *Backer*, wenn das Projekt nicht sein Fernziel erreicht, sein Geld nicht zurückverlangen, sofern die Mittel entsprechend der Projekt- oder Produktbeschreibung verwendet wurden.

b) Pre-Sale-Modell/ Vorverkaufsmodell

Das Pre-Sale-Modell ist die bisher erfolgreichste Art des *Crowdfundings*. „Kickstarter.com" stellt einen der prominentesten *Crowdfunding*-Plattformen dar, die mit dem Pre-Sale-Modell arbeiten. Dabei bietet der Produzent dem *Backer* das herzustellende Produkt im Gegenzug für seine Zahlung an. Je nach Summe wird das Produkt um zusätzliche Zugaben erweitert, bis hin zu Reisen zum Produktionsort oder Premiereneinladungen. Rechtlich gesehen dürfte es sich hierbei um einen Kauf im Sinne von § 433 BGB mit all seinen Leistungspflichten handeln. Je nach Art der Zugaben kann auch ein gemischttypischer Vertrag mit entsprechenden Nebenpflichten vorliegen. Das bedeutet, ein reines Bemühen der Projektumsetzung auf Seiten des Produzenten genügt nicht. Fast alle Plattformen, die dieses Model anbieten, verlangen von dem Produzenten in ihren allgemeinen Geschäftsbedingungen ein rechtsverbindliches Leistungsversprechen.

Steuerlich bedeutet dies, dass in den meisten Fällen ein umsatzsteuerpflichtiges Geschäft mit Endkunden vorliegt, auch wenn die meisten Plattformen die Mehrwertsteuer nicht gesondert ausweisen. Nach ersten Erfahrungen in der Praxis bestehen die Finanzbehörden im Zweifel auf die Zahlung der Umsatzsteuer unabhängig davon, ob diese separat ausgewiesen wurde oder nicht. Dies gilt zumindest dann, wenn der deutsche Produzent in direkte Vertragsbeziehungen zum Endkunden tritt. Andere Konstruktionen, z.B. durch Einschaltung eines US-Unternehmens, wie es besonders bei Kickstarter.com üblich ist, als Vertragspartner der *Backer* bieten hierzu allerdings einen gewissen Gestaltungsspielraum.

c) Investmentmodell (Equity-Based- oder Loan-Based-Crowdfunding)

Das Investmentmodell wird vor allem von europäischen Plattformen angeboten. Dabei wird dem *Backer* eine Partizipation am unternehmerischen Gewinn des Unternehmens oder des Projekts angeboten. In der Regel handelt es sich dabei um junge Start-up-Unternehmen, die auf diesem Weg eine Anschubfinanzierung suchen. Die rechtlichen Gestaltungsmöglichkeiten sind hier vielfältig. So besteht die Möglichkeit der Vergabe von Gesellschaftsanteilen, stillen Beteiligungen, Genussscheinen bis hin zu Darlehen.

Wird das Investment auch in Deutschland eingeworben, so sind die Vorschriften des Vermögensanlagegesetzes (VermAnlG) zu beachten. Gemäß § 6 besteht für Anbieter von Vermögensanlagen in Deutschland eine allgemeine Prospektpflicht. Die Anforderungen an einen solchen Verkaufsprospekt sind den §§ 7ff VermAnlG zu entnehmen und sind sehr umfangreich. Bei kleineren Projekten unter einem Gesamtwert von € 100.000 können die Kosten eines solchen Prospekts, der über alle Risiken der Vermögensanlage aufzuklären hat und von der Bundesanstalt für Finanzdienstleistungsaufsicht („BaFin“) freizugeben ist, schnell die Gesamtkosten des Projekts übersteigen. Ausgenommen sind Projekte mit einer Gesamtbeteiligungssumme unter 100.000 Euro, mit weniger als 20 potentiellen Investoren oder mit einer Mindestbeteiligung von 200.000 Euro. Ohne einen solchen Prospekt ist der Vertrieb nach § 29 VermAnlG bußgeldbewehrt und Emittent und Anbieter haften nach § 21 VermAnlG persönlich für die Einlage. Nicht unter die nach dem VermAnlG sowie dem Kreditwesengesetz reglementierten Vermögensanlagen fällt jedoch das Instrument des nachrangigen, partiarischen Darlehens (vgl. hierzu auch Merkblatt - Hinweise zum Tatbestand des Einlagengeschäfts des BaFin vom 11. März 2014). Dies bedeutet auch, dass ein Plattformbetreiber, der diese Instrumente anbietet, nicht einer Erlaubnispflicht nach dem Kreditwesengesetz unterliegt, was ebenfalls ein Risiko bei anderen Instrumenten sein kann. Allerdings ist eine Abgrenzung der Investmentformen oft schwierig. Gerade die Abgrenzung zwischen einer stillen Beteiligung, einem Genussschein und einem partiarischen Darlehen, bereiten in der Praxis zum Teil erhebliche Probleme. Nach aktueller Rechtslage dürfte jedoch das rangrücktretende, partiarische Darlehen die einzige genehmigungs- und prospektpflichtfreie Form des Crowdinvestments in Deutschland sein, soweit die oben genannten Ausnahmen nicht gegeben sind.

d) Loan Based / Partiarisches Darlehen

Voraussetzung für ein partiarisches Darlehen ist eine Rückzahlungspflicht zu einem bestimmten oder bestimmbaren Datum, unabhängig vom Gewinn oder Verlust des Unternehmens. Die Verzinsung erfolgt allein durch eine Beteiligung an den Erlösen bzw. dem Gewinn des jeweiligen Projekts bzw. Unternehmens. Mitbestimmungs-, Einsichts- oder Treupflichten, wie sie in einem Gesellschafterverhältnis vorkommen, gibt es nicht. Daneben ist ein Rangrücktritt notwendig; dies bedeutet, dass im Falle der Insolvenz des Unternehmens die Ansprüche aus dem Darlehen insgesamt im Rang hinter andere Verbindlichkeiten zurücktreten müssen und ggfs. nicht bedient werden. Eine ausdrückliche gesetzliche Regelung zum rangrücktretenden, partiarischen Darlehen fehlt bisher.

3) Ausblick & Problemstellungen

Im Zusammenhang mit dem Angebot von *Crowdfunding* in Deutschland stellen sich derzeit eine Vielzahl von Problemen:

- Mit Ausnahme der oben genannten Darlehenskonstruktionen kann für die Betreiber einer Crowdfundingplattform ein Zulassungserfordernis bei der BaFin nach dem Kreditwesengesetz bestehen. Diese Frage ist bei der Auswahl der tatsächlichen Angebote auf der Plattform im Vorfeld gründlich zu prüfen.
- Fast alle Crowdfundingplattformen, die am deutschen Markt tätig sind, berücksichtigen bisher nicht zwingend das Verbraucherschutzrecht. Spätestens mit der Umsetzung der Verbraucherrechtrichtlinie im Juni 2014 dürfte jedoch klar sein, dass es sich bei den meisten Backern um Verbraucher im Sinne des neuen § 13 BGB handeln dürfte. Damit sind alle Informationspflichten und vor allem die Vorschriften zum Widerrufsrecht im Fernabsatz nach dem BGB und dem EGBGB zu beachten. Verstöße hiergegen können sogar zur Unwirksamkeit der Beteiligung und somit auch zu einem Risiko für den Produzenten führen.
- Für die Produzenten dürfte vor allem die unklare Rechtslage im Hinblick auf die Prospektpflicht und die Abgrenzung des rangrücktreten-

den, partiarischen Darlehens eine erhebliche Rolle spielen. Neben der schwierigen Abgrenzung dürfte hier in Zukunft aber vor allem aus Verbraucherschutzrecht erheblicher Handlungsbedarf bestehen. Während ein Backer im Rahmen einer gesellschaftsrechtlichen Beteiligung zumindest in gewissem Umfang durch seine Gesellschafterrechte geschützt wird, so fehlt es an einem solchen Schutz in der Darlehenskonstruktion völlig. Darüber hinaus erhält der Verbraucher bei einer gesellschaftsrechtlichen Beteiligung die Möglichkeit einer umfassenden Risikobewertung auf der Grundlage des Verkaufsprospektes. Auch dieser Schutz ist bei einem *Crowdfunding* in der Darlehenskonstruktion nicht gegeben. Insofern stellt sich die Frage, in welchem Umfang ein Produzent über die Risiken der Beteiligung in einer Darlehenskonstruktion aufklären muss, in der der Verbraucher sowieso schon kaum geschützt ist. Hier dürften sich bei den ersten Haftungsfällen wegen nicht erfüllten Zusagen aus *Crowdfunding*-Kampagnen erhebliche Auslegungsprobleme für die Gerichte und ggfs. den Gesetzgeber ergeben. So könnten Gerichte im Rahmen von vorvertraglichen Treuepflichten sehr wohl eine Hinweispflicht auf etwaige Risiken konstatieren, ohne dass deren Reichweite heute absehbar wäre. Dies ist ein erhebliches Risiko nicht nur für den Produzenten der im Zweifel trotz fehlender Prospektpflicht umfangreich aufklären muss, sondern auch in der Rechtsberatung solcher *Crowdfunding*-Kampagnen.

- Schließlich bleibt die Durchführung eines grenzüberschreitenden *Crowdfundings* selbst innerhalb Europas mit erheblichen Risiken verbunden. Mangels Harmonisierung sind jeweils in vollem Umfang nationale Vorschriften zu beachten.

4) Erste Klage bei Crowdfunding

In den USA wurde vor kurzem die erste öffentlich bekanntgewordene Klage gegen ein *Crowdfunding*-Projekt eingereicht. Der Produzent wollte ein von dem Künstler Milan Ĉoloviĉ designtes Kartenspiel über das Portal Kickstarter.com finanzieren. Am Ende wurden 25.000 US-Dollar mittels *Crowdfunding* gesammelt. Der Betrag lag deutlich über der vom Produzenten als Mindestbetrag angegeben Summe von 15.000 US-Dollar. Doch weder das Kartenspiel, noch die geleisteten Zahlungen wurden an die Baker herausgegeben. Nun klagte der US-Bundesstaat Washington gegen den Produzenten. Kickstarter.com selbst verpflichtet die Produzenten in ihren AGB zur Einhaltung ihrer Leistungsversprechen und zur Rückzahlung soweit die Leistung nicht erbracht werden kann. Kickstarter selbst übernimmt aber keine Verantwortung oder Haftung, sondern sieht sich lediglich als Anbieter einer Plattform für die Nutzung von *Crowdfunding*-Projekten. Dieser Fall in den USA könnte exemplarisch auch die Herausforderungen für unseren Rechtskreis beleuchten. In jedem Fall dürften die rechtlichen Probleme des *Crowdfunding* in seinen verschiedenen Facetten zukünftig Juristen, den Gesetzgeber und die Gerichte gleichermaßen beschäftigen, bis eine europaweit harmonisierte Regelung gefunden ist.

Le financement par la foule, point de vue du droit allemand

Florence N'DIAYE*

* Akademische Oberrätin, chargée de conférences, Universität des Saarlandes, Centre Juridique Franco-Allemand Sarrebruck.

Le *crowdfunding* ou *Schwarmfinanzierung* désigne un modèle de financement par lequel un entrepreneur, porteur d'un projet, *der Initiator*, présente grâce à une plateforme internet – *der Plattformbetreiber* – son idée de manière publique afin de la faire financer par les internautes, *die Unterstützer* ou contributeurs. Cette technique a servi notamment à financer de jeunes entreprises en cours de création ou formation[1]. Ces modèles de financement sont en effet particulièrement prisés par les entrepreneurs qui ne trouvent pas de solution de crédit auprès des réseaux classiques, notamment parce qu'ils ne disposent pas de fonds propres pouvant servir de garantie.

La technique n'a en soi rien de nouveau. En 1885 déjà, un article de Joseph Pulitzer relate dans le New York World un appel à contribution pour financer le socle de la statue de la Liberté, qui avait obtenu le soutien de milliers de contributeurs pour un total de 100 000 dollars. La nouveauté de la technique de financement participatif est qu'elle n'est pas le fruit de sociétés qui sont admises à des marchés règlementés, ni qu'elle est proposée par des banques, mais qu'elle se déroule de particulier à particulier grâce à des plateformes internet. Ces derniers sont sollicités pour investir dans des projets ou sur un produit spécifique. La contre-prestation peut revêtir différentes formes et peut ainsi se présenter sous forme d'un remerciement, de remises de biens, d'argent, de droits ou d'autres avantages en rapport avec le projet, comme par exemple le bénéfice d'un prix réduit lors de sa réalisation[2].

---

1 Le film « Hotel desire » a été en 2011 le premier film allemand à profiter de ce type de financement. Une série télé allemande, Stromberg, a été grâce à cette technique portée en 2014 sur grand écran (http://www.focus.de/finanzen/geldanlage/stromberg-film-fans-kassieren-17-prozent-rendite_id_4209555.html). Lors du lancement du projet de financement, cette transposition a, en moins d'une semaine, récolté plus d'un million d'euros. Sur cette technique de financement dans le domaine du cinéma, voir BAREISS (Andreas), « Filmfinanzierung 2.0, Funktionsweise und Rechtsfragen des *Crowdfunding* », in Zeitschrift für Urheber- und Medienrecht (ZUM), 2012, p. 456-465.

2 Pour une présentation générale des différents modèles, voir JANSEN (David Jean) et PFEIFLE (Theresa), « Rechtliche Probleme des *Crowdfunding* » in Zeitschrift für Wirtschaftsrecht (ZIP), 38/2012, p. 1842-1852.

Après avoir pris l'engagement de fixer un cadre spécifique à cette technique dans le contrat de coalition conclu en novembre 2013 entre la CDU, la CSU et le SPD[3], le législateur allemand est intervenu en août dernier pour développer un contrat d'objectifs pour 2014-2017[4]. Dans la lignée de cet agenda, le législateur a envisagé la mise en place de quelques règles supplémentaires de protection qui, à l'heure actuelle, n'ont pas encore été adoptées[5]. Dès juillet 2014, un projet de protection des petits souscripteurs a été présenté par le ministère des Finances[6], avec l'objectif

---

3 Koalitionsvertrag zwischen CDU, CSU und SPD, p. 134, ligne 6353 proposant notamment de réformer les conditions du prêt participatf: „*wir wollen ein neues Instrument in Form eines bedingt rückzahlungbaren Gründungsdarlehens in Zusammenarbeit mit der KfW schaffen. Die Gewährung des Darlehens kann dabei an die Nutzung von Crowdfunding geknüpft werden*". Le gouvernement allemand s'est en effet intéressé à cette technique de financement dans le cadre de sa nouvelle politique culturelle afin de renforcer l'innovation culturelle, *Kreativwirtschaft*. Ce financement par la foule pouvant ici compléter les financements existants comme ceux proposés par la caisse sociale des artistes, *Künstlersozialkasse*, mais n'arrivant pas à satisfaire toutes les demandes qu'elle reçoit.

4 Digitale Agenda 2014-2017, disponible en ligne sous: http://www.bmwi.de/BMWi/Redaktion/PDF/Publikationen/digitale-agenda-2014-2017,property=pdf,bereich=bmwi,sprache=de,rwb=true.pdf.

5 Digitale Agenda 2014-2017, p. 14: « *Die Verbesserung der Finanzierungsbedingungen für Startups durch international wettbewerbsfähige Rahmenbedingungen für Wagniskapital und Crowd-Investments* ».

6 Deux projets de loi ont été présentés. Le premier le 28.07.2014 par le ministère des Finances, *Entwurf eines Kleinanlegerschutzgesetzes, Referentenentwurf der Bundesregierung*, version du 28.07.2014, disponible en ligne sous: http://www.bundesfinanzministerium.de/Content/DE/Downloads/Gesetze/2014-07-28-kleinanlegerschutzgesetz.pdf?__blob=publicationFile&v=5, prévoyant p. 2: „*Mit den vorgesehenen Änderungen soll die Transparenz erhöht werden, so dass die Anleger künftig besser informiert werden über die Fälligkeit der Rückzahlung von bereits gegebenen Vermögensanlagen und der personellen Verflechtungen, insbesondere bei Emittenten verbundener Unternehmen*", Avec ce projet de réforme, l'exigence de transparence sera augmentée, afin de renforcer l'information du contributeur sur l'échéance de remboursement des sommes déja souscrites, et sur les relations personnelles existants entre les émetteurs notamment dans le cas de sociétés filiales.

Un deuxième projet a été avancé par le ministère des Finances le 10.11.2014 disponible en ligne sous:

affiché de renforcer la protection des consommateurs et les obligations d'information.

Depuis 2011 et l'arrivée des plateformes américaines, l'évolution du marché de ce type de financement en Allemagne est impressionnante. Les plateformes les plus actives en Allemagne sont seedmatch.de, innovestment.de, mashup-finance.de, gruenderplus.de et companisto.de[7]. Alors qu'il n'y a eu en 2011 que 442 projets proposés par cette technique, un site de référencement des plateformes allemandes, *Crowdfunding Monitor*[8], a comptabilisé 1 611 projets pour l'année 2013, soit une multiplication par trois des opérations. Le taux de réalisation des projets est aussi passé sur la même période de 38 à 61% en septembre 2014. Mais le total des sommes investies est plus impressionnant encore. Alors que 460 000 euros avaient été obtenus grâce à ce type de financement en 2011, le total pour l'année 2013 est passé à 15 millions d'euros et dépassera les 18 millions d'euros pour 2014, soit une progression de 85%. Au 31 mars 2014, plus de 1787 projets ont été financés et le volume total des sommes investies pour l'année 2014 devrait se situer entre 8 et 10 millions d'euros.

Face à la progression de cette technique et au montant des sommes investies, il conviendra de se demander par quel prisme le droit allemand aborde ces financements, pour envisager dans un second temps la protection existant actuellement en droit allemand.

---

http://www.bundesfinanzministerium.de/Content/DE/Downloads/Gesetze/2014-11-12-kleinanlegerschutzgesetz.pdf?__blob=publicationFile&v=2.

7 D'autres plateformes se sont développées récemment en Allemagne: bergfürst.de, bestBC.de, devexo.de, united-equity.de, crowd-invest.de, Bankless.de ou encore MyBusinessBaker.de. Pour une étude comparative des techniques mises en place par ces plateformes, voir KLÖHN (Lars) et HORNUF (Lars), « *Crowdinvesting* in Deutschland: Markt, Rechtslage und Regulierungsperspektiven » in Zeitschrift für Bankrecht und Bankwirtschaft (ZBB), 2012, p. 240, tableau sur les financements de start-ups par le biais du *crowdinvesting*, état au 1er juillet 2012.

8 Tableau disponible en ligne sous: http://www.fuer-gruender.de/kapital/eigenkapital/crowd-funding/monitor/.

I – LES MODÈLES EXISTANTS

De manière générale et comme dans les autres ordres juridiques, il existe en Allemagne[9] quatre modèles distincts de financement participatif :

- le mécénat ou don participatif désigné comme *donation-based*, *donation model crowdfunding*,
- le système de prévente ou *pre-sale/pre-purchase model*, encore désigné comme *reward-based* ou *reward model crowdfunding*,
- l'acquisition de parts sociales ou *equity-based crowdfunding*
- et enfin le système de prêt de particulier à particulier ou *loan-* ou *credit based crowdfunding*.

Ces modèles désignent le mode de financement. Quel que soit le modèle retenu, la doctrine allemande est unanime pour reconnaître l'application de deux principes directeurs: le principe du tout-ou-rien (*Alles-oder-Nichts*)[10] et celui de transparence[11]. Le principe du tout-ou-rien signifie que la campagne de financement ne sera réalisée que si la somme recherchée par l'initiateur a été atteinte. La somme récoltée ne sera remise à l'initiateur que si son projet a été financé à 100%[12]. Ce principe permet de protéger le contributeur qui ne sera débité que si le projet voit le jour. Le principe de transparence qui innerve cette technique de financement signifie que l'initiateur se doit d'informer les contributeurs de l'avancement de son projet.

---

9 ANSEN (David Jean) et PFEIFLE (Theresa), « Rechtliche Probleme des *Crowdfundings* », op. cit., p. 1844.

10 LEUERING (Dieter) et RUBNER (Daniel), « Prospektpflicht des *Crowdfunding* », in Neue Juristische Wochenschrift Spezial (NJW-Spezial), 2012, p. 463-464; NIETSCH (Michael) et EBERLE (Nicolas), « Bankaufsichts- und prospektrechtliche Fragen typischer *crowdfunding*-Modelle », in Der Betrieb, 2014, p. 1788; BAREISS (Andreas), « Filmfinanzierung 2.0, Funktionsweise und Rechtsfragen des *Crowdfunding* », op. cit., p. 459.

11 BAREISS (Andreas), ibid., p. 460.

12 En cas de non réalisation, les sommes avancées par les contributeurs leur seront restituées. Mais il existe des exceptions à ce principe de tout-ou-rien, les contributeurs peuvent prévoir que les sommes manquantes pourraient être apportées par d'autres modes de financement.

Derrière ces modèles de financement, il est possible de reconnaître plusieurs qualifications juridiques entre les protagonistes. Une des clés de distinction entre ces différentes techniques consiste à les classer selon les règles leur servant de fondement, en opposant les systèmes mettant en œuvre les règles de droit commun, aux systèmes faisant appel aux techniques de financement, désignés alors comme *crowd-investing*[13].

A – Les modèles reposant sur les techniques de droit commun

Deux modèles s'appuient sur le droit commun des contrats : celui du don, pour le mécénat participatif, et celui de la vente, pour le système de prévente.

1) Le don ou mécénat participatif

Ce modèle se caractérise par le fait que le porteur de projet ne propose aucune contre-prestation, ou uniquement une contrepartie symbolique, comme par exemple un remerciement dans le générique du film ou sur le site internet du projet financé.

Juridiquement, ce type de contrat ne pourra être qualifié de don en droit allemand que s'il n'y a aucune contre-prestation, une contre-prestation même symbolique devrait conduire à écarter cette qualification. En effet, selon le § 516 du BGB, il y a don, *Schenkung*, si le patrimoine d'une des deux parties se trouve augmenté et si les deux parties se sont mises d'accord pour que ce transfert de propriété se fasse sans contrepartie. Cet accord d'absence de contrepartie s'entend aussi bien d'une absence objective que d'une absence subjective. Il ne faut aucun malentendu sur la cause du transfert de propriété dans l'esprit des parties – une des parties pourrait en effet se méprendre sur la remise du bien et l'interpréter

---

13 Nous n'aborderons pas lors de cette étude le problème de la relation juridique entre le contributeur et la plateforme, la lumière sera seulement portée sur la relation juridique entre contributeur et initiateur. Pour une étude approfondie du *crowdinvesting* en Allemagne voir KLÖHN (Lars) et HORNUF (Lars), « *Crowdinvesting* in Deutschland: Markt, Rechtslage und Regulierungsperspektiven », op. cit., p. 237-266.

comme la rémunération d'une prestation préalable[14]. Par ailleurs, si l'accord prévoit une contrepartie, même symbolique, comme l'affichage du nom dans le générique, la qualification de don devrait être juridiquement écartée[15].

Si la qualification de don est retenue, un tel don ne sera fiscalement déductible que si le projet présente un but non lucratif en vertu du § 52 *Abgabenordnung*, ordonnance sur les taxes, ce qui dans la pratique est rarement le cas[16]. Si le don remplit cette condition, les attestations remises en échange de ce don ne sont généralement acceptées et donc déductibles que dans le pays dans lequel l'utilité publique a été établie. Une prise en compte fiscale de ce don sera rarement envisageable lorsque le porteur de projet et le donateur ne sont pas soumis aux mêmes règles fiscales.

Dans le cadre de ce modèle de don participatif, le porteur de projet n'a aucune obligation d'effectuer une prestation au bénéfice du contributeur.

2) La prévente

Le modèle de prévente était jusqu'à présent le modèle de financement participatif rencontrant le plus grand succès en Allemagne. Le producteur propose alors au contributeur le produit à venir, *prepurchase Komponente*[17], en contrepartie d'une promesse de paiement. Le contributeur pourra par exemple recevoir le DVD du film financé ou des codes

---

14 Sur cette distinction sur l'absence objective et subjective de contreprestation, voir KOCH (Jens) in Münchner Kommentar BGB, § 516, Rn. 24.

15 BAREISS (Andreas), « Filmfinanzierung 2.0, Funktionsweise und Rechtsfragen des *Crowdfunding* », op. cit., p. 460. L'auteur propose même une requalification du don en contrat de sponsoring dans ce cas de figure.

16 En cas d'utilité publique du projet, une attestation sera remise au contributeur lui permettant de déduire la somme versée au sens du § 10 b du *Einkommensteuergesetz*, loi sur l'impôt sur le revenu, et des paragraphes 48 et s. de la *Einkommensteuerdurchführungsverordnung*, ordonnance d'exécution de la loi sur l'impôt sur le revenu.

17 SCHMITT (Christoph) et DOETSCH (Matthias), « *Crowdfunding* : neue Finanzierungsmöglichkeit für die Frühphase innovativer Geschäftsmodelle », in Betriebs-Berater (BB), 2013, p. 1451-1454.

d'accès pour un visionnage par vidéo à distance[18]. D'un point de vue juridique, ce modèle est soumis aux règles régissant les contrats de vente prévus par le § 433 du BGB.

En fonction de l'importance de l'investissement, le produit financé pourra être complété par des éléments se rajoutant au produit, ces suppléments pourront par exemple consister en un voyage sur le lieu de production ou une invitation pour l'inauguration ou la première s'il s'agit d'un film à financer. On parle alors de récompense, *reward Komponente*. Selon les compléments proposés à l'internaute, la qualification juridique de la relation contractuelle sera plus complexe faisant alors apparaître un contrat mixte d'entreprise et de vente.

B – Les modèles reposant sur les techniques de droit des affaires

En cette matière, deux modèles permettent à un porteur de projet de chercher un financement par internet : soit en recourant au droit des sociétés par l'émission de titres financiers, soit en proposant un prêt particulier, un prêt subordonné de dernier rang. Dans ces deux cas de figure, un intéressement financier a été promis au contributeur. Le cadre juridique allemand actuel du *crowdinvesting* s'appuie sur les règles du droit bancaire, du droit des instruments financiers et du droit de la concurrence.

1) L'investissement sociétaire, Equity Model

Ce modèle repose sur l'émission par l'initiateur d'instruments financiers participant ou non au capital. Dans ce cadre, l'internaute se voit proposer

---

18 Dans le cas de VOD, il pourrait même s'agir non plus d'un contrat de vente, mais d'un contrat de location, sur cette analyse, voir BAREISS (Andreas), « Filmfinanzierung 2.0, Funktionsweise und Rechtsfragen des *Crowdfunding* », op. cit., p. 461.

en échange d'instruments financiers émis par l'entreprise, une participation aux bénéfices ou au chiffre d'affaires de la société émettrice[19].

Ce modèle d'investissement est notamment proposé par plusieurs plateformes allemandes. Or, trois plateformes allemandes concentrent à elles seules 89 % des capitaux transférés par cette technique : www.seedmatch.de, www.innovestment.de et www.companisto.de. Le marché allemand en la matière s'est développé à partir d'octobre 2011 et 127 entreprises ont eu recours à ce type de financement pour un montant total de 1,2 millions d'euros de souscriptions obtenus[20]. En règle générale, ce type de financement est adopté par de jeunes entreprises « *start-up* », cherchant par ce biais un coup de pouce financier. Plus des deux tiers des projets financés ont été présentés par des sociétés à responsabilité limitée[21]. Les sociétés faisant appel à ce type de financement participatif revêtent généralement en droit allemand la forme de *GmbH* ou *Unternehmensgesellschaft (Haftungsbeschränkt),* aussi appelée *GmbH* à 1 euro introduite en droit allemand par la loi du 1er novembre 2008[22]. Ce type de financement sociétaire vient en réalité combler un déficit d'offres proposées aux jeunes entrepreneurs. Lorsque le projet avancé est trop innovant, il ne rencontre pas le soutien financier classique auprès des banques en raison du risque trop élevé, mais le projet se trouve aussi dans une phase encore trop balbutiante pour pouvoir bénéficier de l'appui des *Venture Capital,* des sociétés de capital risque ou des *Business Angel*[23]. Les entreprises ont donc cherché les financements auprès d'un autre public grâce à internet.

---

19 NIETSCH (Michael) et EBERLE (Nicolas), « Bankaufsichts- und prospektrechtliche Fragen typischer *crowdfunding*-Modelle », op. cit., p. 1788.

20 KLÖHN (Lars) et HORNUF (Lars), « Ein sicherer Rechtsrahmen für das *Crowdfunding* », in Der Bertieb, 2014, Heft 14, p. 1.

21 KLÖHN (Lars) et HORNUF (Lars), « *Crowdinvesting* in Deutschland : Markt, Rechtslage und Regulierungsperspektiven », op. cit., p. 241.

22 KLÖHN (Lars) et HORNUF (Lars), « Ein sicherer Rechtsrahmen für das *Crowdfunding* », op. cit., p. 1.

23 SCHMITT (Christoph) et DOETSCH (Matthias), « *Crowdfunding* : neue Finanzierungsmöglichkeit für die Frühphase innovativer Geschäftsmodelle », op. cit., p. 1452; KLÖHN (Lars) et HORNUF (Lars), « *Crowdinvesting* in

Les modalités juridiques d'aménagement de ce type d'investissement sont multiples. Le premier modèle bénéficie d'un cadre juridique précis, alors que la seconde technique fait encore l'objet de zones d'ombre.

a) La reconnaissance d'une participation de type sociétaire

Le porteur de projet peut proposer en contrepartie de l'investissement des parts sociales de société immatriculée ou de « société tacite », participation désignée alors comme *stille Beteiligung* au sens des § 230 et s. du HGB et des § 705 et s. du BGB. Ce dernier type de modèle est celui retenu dans la majorité des cas[24]. Une seule plateforme allemande propose la souscription d'actions, il s'agit du site bergfuerst.de, qui est la seule plateforme s'affichant comme intermédiaire financier et accréditée depuis octobre 2012 par le *Bundesanstalt für die Finanzdienstleistungsaufsicht,* autorité fédérale de surveillance des services financiers, BaFin[25].

Cette qualification sociétaire sera retenue chaque fois qu'il sera possible de considérer que le contributeur bénéficie du droit de contrôle, du droit de participer à la vie de la société au sens du § 233 HGB, ou encore s'il est possible de considérer que le contributeur participe à la réalisation de l'objet social. La seule participation au bénéfice ne suffira pas à caractériser la reconnaissance d'une participation tacite à une société, *Stille Beteiligung*[26].

b) L'attribution de titres subordonnés

Le porteur de projet peut aussi prévoir l'attribution de titres subordonnés, *Genussrechte,* soit l'attribution de titres d'investissement rembour-

---

Deutschland: Markt, Rechtslage und Regulierungsperspektiven » in ZBB, op. cit., p. 237 et p. 255.

24 KLÖHN (Lars) et HORNUF (Lars), ibid., p. 242.

25 NIETSCH (Michael) et EBERLE (Nicolas), « Bankaufsichts- und prospektrechtliche Fragen typischer *crowdfunding*-Modelle », op. cit., p. 1788.

26 BAREISS (Andreas), « Filmfinanzierung 2.0, Funktionsweise und Rechtsfragen des *Crowdfunding* », op. cit., p. 461, qui pense qu'il faut retenir toutes les circonstances pour procéder à la qualification de société.

sables seulement après désintéressement des autres créanciers[27]. Il n'existe pas à l'heure actuelle de définition légale de ces titres[28]. Ils ne participent pas au capital et ne permettent pas de considérer leurs titulaires comme des associés. La relation juridique établie entre l'émetteur et le titulaire s'appuiera au contraire sur une relation de droit des obligations. Interrogé sur les critères de reconnaissance de ces titres, le gouvernement allemand a proposé la définition suivante[29] : « la qualification d'une créance de titre subordonné impose la réunion des critères suivants : une rémunération dépendant de la réalisation de bénéfices, la participation à la réalisation de pertes et le paiement en cas de procédure collective de ces créances en dernier lieu, mais avant les créances de dernier rang au sens du § 39 *Insolvenzordnung*, ordonnance sur l'insolvabilité ». Ne donnant pas droit à leurs titulaires aux prérogatives des associés telles que la participation à la vie de la société, par exemple, ces titres sont aussi considérés d'une manière comptable comme des capitaux relevant d'autres fonds propres que ceux de la société, *Fremdkapital*. On les désigne comme relevant du capital mixte, *Mezzanine Kapital*.

2) Le prêt participatif de dernier rang ou prêt subordonné, partiarisches nachrangiges Darlehen ou Lending Model

Le dernier modèle de financement repose sur un prêt particulier, *partiarisches nachrangiges Darlehen*, qui est un dérivé du prêt classique prévu au

---

27 Ces titres sont proches de ceux définis à l'art. L.228-97 du Code de commerce.

28 Sans être définis, ces titres sont cités aux parapgraphes 160 et 221 al. 3 de l'*Aktiengesetz*, loi sur les actions.

29 Question au gouvernement du 30.08.2013, Deutscher Bundestag, Drucksache 17/14666 p. 3: „*Um eine Forderung als Genussrecht zu qualifizieren, müssen – unabhängig von Bilanzausweis und der von den Vertragsparteien gewählten Bezeichnung – mindestens folgende Bedingungen erfüllt sein: Die Erfolgsabhängigkeit der Vergütung, die Forderung muss an den laufenden Verlusten teilnehmen (laufende Verlustteilnahme) und die Forderung tritt im Falle der Insolvenz oder der Liquidation des Emittenten (Forderungsschuldners) hinter jede Forderung zurück, die nicht nach § 39 InsO nachrangig ist (Nachrangabrede)*".
Disponible en ligne sous:
http://dip21.bundestag.de/dip21/btd/17/146/1714666.pdf.

§ 488 du BGB. Ce type de prêt prévoit qu'en remboursement de la somme prêté, l'emprunteur remettra au prêteur une part des gains ou du chiffre d'affaires de l'entreprise pour laquelle le prêt a été effectué. Contrairement à la technique sociétaire, cette prise de participation aux bénéfices ne participe pas à la reconnaissance de la qualité d'associé. Toutefois, ces deux techniques ont en commun que dans les deux cas de figure, le titulaire prendra part aux bénéfices réalisés. Le terme de « *partiarisch* » renvoie au fait que le prêt est lié à la réalisation du gain, « *gewinnabhängig* », ce qui constitue son élément caractéristique. Ce type de prêt correspondrait en droit français à un prêt participatif de dernier rang tel que prévu par la loi du 13 juillet 1978 et intégré aux art. L 313-13 et s. du Code monétaire et financier.

Ce prêt de dernier rang a tendance à remplacer dans la pratique le modèle s'appuyant sur la reconnaissance d'une participation tacite à une société, la *Stille Beteiligung*[30]. Ce modèle est notamment proposé par les plateformes seedmatch.de et companisto.de. Le site seedmatch.de propose ainsi de souscrire à des prêts d'au moins 250 euros. Ceux-ci ne seront remboursables qu'après cinq ou six ans. Le site prévoit en outre la possibilité de mettre fin à ces prêts par chacune des parties à la fin de chaque année. Un droit exceptionnel de résolution est aussi aménagé pour motif grave, comme par exemple lors de la cession de la société à un tiers[31].

Il est capital que le prêteur renonce à toute garantie ou privilège de remboursement ; car ce prêt, en tant qu'instrument financier, ne sera remboursé en cas de liquidation qu'en dernier rang par application du § 39 al. 2 *Insolvenzordnung*, ordonnance sur l'insolvabilité. Cela signifie qu'en cas de liquidation judiciaire de l'entreprise, les créances de remboursement dont le prêteur est titulaire seront traitées en dernier lieu après le désintéressement d'autres créances et risquent donc de ne pas être liquidées.

---

30 WEITNAUER (Wolfgang) et PARZINGER (Josef), « Das *Crowdinvesting* als neue Form der Unternehmensfinanzierung », in Gesellschafts- und Wirtschaftsrecht (GWR), 2013, p. 154.

31 SCHMITT (Christoph) et DOETSCH (Matthias), « *Crowdfunding* : neue Finanzierungsmöglichkeit für die Frühphase innovativer Geschäftsmodelle », op. cit., p. 1453.

Dans le cadre de ce type de financement, contrairement au modèle sociétaire, il n'y a pas à la charge de l'investisseur-prêteur d'obligation de prendre part à la vie de la société, de consultation ou de fidélité à la société comme ce qui existe en droit des sociétés[32]. En revanche, le porteur de projet doit informer régulièrement le prêteur de l'avancement du projet et lui rendre accessible ses comptes et son rapport annuels[33]. En principe, les prêts classiques sont inscrits au bilan comptable dans la catégorie des autres fonds propres, *Fremdkapital*. Or, ce n'est pas le cas de ce type de prêt qui est inscrit comme capital propre mais sans droit de participation à la vie sociale. Ce prêt participatif subordonné appartient lui aussi aux capitaux mixtes, *Mezzanine Kapital*.

L'engouement allemand pour ce type de financement s'explique par le fait que ces prêts participatifs de dernier rang ne tombent pas actuellement sous l'obligation de prospectus de vente prévue par le § 6 de la loi sur les produits financiers, *Vermögensanlagegesetz* (VermAnlG), ni sous celle d'autorisation pour la plateforme par l'autorité fédérale de surveillance des services financiers, BaFin.

Le remboursement de cette dette en dernier rang en cas de liquidation judiciaire rapproche les prêts participatifs de dernier rang ou *partiarisches nachrangiges Darlehen* des titres subordonnées ou *Genussrechte*, et contribuent ainsi à leur confusion. Or, n'étant pas soumis aux mêmes règles, notamment en matière de procédure d'information sur les risques encourus, il est important de les distinguer.

La diversité des modèles de financement conduit à s'interroger sur la variété de voies mises en place pour encadrer et protéger les participants à ces campagnes de financement. Alors que le législateur allemand souhaitait imposer l'impression d'un document par l'internaute par lequel ce

---

32 WENZLAFF (Karsten), « *Crowdfunding* im Koalitionsvertrag: was heißt das für die *crowdfunding*-Branche in Deutschland », disponible en ligne sous: http://www.ikosom.de/2013/11/26/*crowdfunding*-im-koalitionsvertrag-was-heist-das-fur-die-*crowdfunding*-branche-in-deutschland/.

33 SCHMITT (Christoph) et DOETSCH (Matthias), « *Crowdfunding* : neue Finanzierungsmöglichkeit für die Frühphase innovativer Geschäftsmodelle », op. cit., p. 1453.

dernier doit affirmer sa prise de conscience des risques encourus puis son renvoi par courrier [34], il est légitime de se demander si cette voie ne signe pas l'arrêt de l'engouement pour ces techniques de financement[35]. La réaction du législateur allemand peut-elle s'expliquer par l'insuffisance actuelle de l'encadrement de ces pratiques ? La réponse à ces questions impose un passage en revue de la protection existant actuellement, tant en droit commun qu'en droit des affaires.

II - LA PROTECTION DU CONTRIBUTEUR EN DROIT ALLEMAND

Le droit allemand a abordé ces nouvelles techniques de financement par le prisme des règles classiques en vigueur, qu'il s'agisse des règles de droit commun ou de droit des affaires. Toutefois, ces règles ont parfois atteint leurs limites et il conviendra de souligner les incertitudes qui demeurent encore quant à la protection accordée par le droit allemand au contributeur.

A – La protection actuellement en vigueur

1) La protection par les règles de droit commun

D'un point de vue juridique, le modèle de prévente est soumis aux règles régissant les contrats de vente, ce qui signifie que le porteur de projet devra respecter toutes les obligations accessoires telles que définies par les paragraphes 433 et s. du BGB. En cette matière, il n'y a pas vraiment d'originalité entre ce type de prévente et une vente classique. La seule difficulté apparaissant dans la pratique de ces préventes sur internet concernera le problème de la TVA.

---

34 *Entwurf eines Kleinanlegerschutzgesetzes*, § 12 al. 2 et § 13 al. 7 (version du 28. 07.2014), devenus § 12 al. 3 et § 15 al. 3 dans la version du 10.11.2014, voir liens note 6.

35 « Kleinanlegerschutzgesetz gefährdet *Crowdinvesting* für Startups », in Multimedia und Recht (MMR), 2014, 361829, actualités.

a) Le sort de la TVA

Sont soumis à TVA selon le § 1 al. 1 du *Umsatzsteuergesetz*, loi sur la TVA, les livraisons et autres services exécutés par un professionnel en Allemagne à titre onéreux et qui ne bénéficient pas de l'exonération de TVA prévu au § 4. D'un point de vue fiscal, le financement d'un bien par le mécanisme de la prévente devra être soumis à TVA alors même que dans la pratique, la majorité des plateformes ne font pas apparaître distinctement le montant de la TVA à régler.

Les premiers litiges montrent que les autorités fiscales allemandes exigent, dans le doute, le paiement de la TVA, que cette taxe ait été mentionnée séparément ou non. Cela est du moins le cas lorsque le porteur de projet allemand entre directement en relation contractuelle avec le contributeur. Mais pour éviter ce problème de TVA, il est possible de prévoir, comme le fait la plateforme Kickstater.com, un intermédiaire supplémentaire, ici une entreprise américaine, cette présence laissant alors une plus grande marge de manœuvre.

b) Type d'obligations assumées

Dans le cadre d'un modèle mélangeant contrat de vente et contrat de prestation de service, il faut considérer que le simple engagement de la part du porteur de projet de faire son maximum pour la réalisation du projet ne sera pas considéré comme suffisant.

La plupart des plateformes ayant recours au modèle de prévente exigent dans leurs conditions générales que le porteur de projet s'engage juridiquement à la réalisation de la prestation promise, ce qui, d'un point de vue d'un juriste de droit français, correspondrait à leur faire assumer une obligation de résultat et non seulement, en la matière, une obligation de moyen.

c) Obligations d'information à la charge des plateformes

L'obligation d'information si elle ne trouve pas sa source dans un texte spécifique, comme en matière financière, pourrait trouver son fondement en droit commun.

Un porteur de projet qui échapperait à une obligation spéciale d'information ne devrait-il pas respecter l'obligation d'information prévue par le BGB et la jurisprudence civile ? L'application des obligations civiles d'information protégerait le contributeur des prospectus informatifs incomplets ou erronés[36].

Mais imposer une telle information alors que le projet pourrait profiter de l'exonération de prospectus informatif pourrait aussi être contradictoire. La doctrine allemande est partagée sur ce point, certains auteurs souhaitant que les règles de droit civil s'appliquent même si le projet bénéfice de l'exonération de prospectus[37].

Mais outre le porteur de projet qui légitimement est le débiteur de ces obligations d'information, il est aussi possible de se demander si la plateforme ne devrait pas aussi en être débitrice.

Il a en effet été avancé par la doctrine qu'il serait possible de considérer qu'a été conclu de manière tacite entre la plateforme et le contributeur un contrat d'information[38], par lequel la plateforme s'engagerait à contractuellement vérifier la faisabilité des projets soumis à financement. Un tel contrat ne semble pas réaliste car les plateformes ne laissent pas apparaître qu'elles assument de telles obligations, au contraire, ce type de garantie est exclu par leurs conditions générales[39]. Les plateformes n'entendent pas assumer d'obligations de vérification, d'actualisation ou d'études de faisabilité du projet avancé par l'initiateur[40].

---

36 NIETSCH (Michael) et EBERLE (Nicolas), « Bankaufsichts- und prospektrechtliche Fragen typischer *crowdfunding*-Modelle », op. cit., p. 1788-1795.

37 KLÖHN (Lars) et HORNUF (Lars), « *Crowdinvesting* in Deutschland: Markt, Rechtslage und Regulierungsperspektiven », op. cit., spé. p. 248; WEITNAUER (Wolfgang) et PARZINGER (Josef), « Das *Crowdinvesting* als neue Form der Unternehmensfinanzierung », op. cit., p. 155; NIETSCH (Michael) et EBERLE (Nicolas), « Bankaufsichts- und prospektrechtliche Fragen typischer *crowdfunding*-Modelle », op. cit., p. 1788-1795.

38 JANSEN (David Jean) et PFEIFLE (Theresa), « Rechtliche Probleme des *Crowdfundings* » op. cit., p. 1849, envisageant le cas d'un „*Auskunftvertrag*".

39 MESCHKOWSKI (Alexander) et WILHELMI (Frederike K.), « Investorenschutz im *Crowdinvesting* », in BB, 2013, p. 1413.

40 NIETSCH (Michael) et EBERLE (Nicolas), ibid.

Un autre fondement pour cette obligation d'information résiderait dans l'application combinée des § 311 al. 3 et § 241 al. 2 BGB. La Cour fédérale a en effet retenu la responsabilité pour information erronée d'un intermédiaire en produits financiers qui lors de la présentation d'un produit s'était appuyé sur un prospectus mal formulé. Sur le même fondement, la jurisprudence retient la responsabilité d'une banque qui a envoyé un prospectus à son client alors que ce dernier contenait de fausses informations. Par analogie avec ces décisions, certains auteurs affirment que les plateformes devraient dès lors assumer une obligation légale d'information[41]. La difficulté est que les obligations accessoires imposées par le § 241 du BGB ne peuvent être imposées qu'au contractant. Or, la plateforme n'est pas le cocontractant direct de l'opération à risque. Le contrat qui pose difficulté et pour lequel il faut protéger le contributeur n'est pas le contrat d'intermédiaire conclu entre le contributeur et la plateforme, mais le contrat de financement entre l'initiateur et le contributeur. Le § 241 al. 2 du BGB ne peut dès lors servir directement de fondement pour imposer à la plateforme une obligation d'information. Mais le § 311 al. 3 du BGB prévoit que les obligations accessoires prévues par le § 241 al. 2 du BGB peuvent être imposées à des tiers. Selon la jurisprudence de la Cour fédérale, une telle obligation d'information peut encore être mise à la charge d'une personne qui n'est pas le contractant, mais qui par son comportement a influencé les parties, ou qui tire de la conclusion du contrat un intérêt économique direct. La plateforme intervient dans le relais qu'elle permet de la présentation du projet de l'initiateur sur son site, elle influence indirectement, par sa présentation, le choix du contributeur. Toutefois, la Cour fédérale allemande impose pour l'application du § 311 al. 3 du BGB un niveau élevé de confiance suscité par l'intervention du tiers[42]. Or, les plateformes n'assument aucune garantie à l'égard des projets présentés. Elles ne tirent de plus aucun intérêt direct à la réalisation du contrat entre le porteur de projet et le contributeur[43]. En effet, selon la jurisprudence, le seul fait que la plate-

---

41 NIETSCH (Michael) et EBERLE (Nicolas), idib.

42 BGH du 17.11.2011, ZBB 2012, p. 137, Rz. 21.

43 MESCHKOWSKI (Alexander) et WILHELMI (Frederike K.), « Investorenschutz im *Crowdinvesting* », op. cit., p. 1413, qui défendent le point de vue

forme touche une commission à la suite de son intervention ne suffit pas pour considérer que le tiers aurait un intérêt économique direct ; l'intérêt dont il est question est un intérêt fondamental, de telle sorte que la non-conclusion du contrat influencerait l'existence même de l'entreprise tierce. Or, la pérennité de la plateforme n'est pas affectée par la réalisation ou la non-réalisation du projet.

Une obligation d'information fondée sur un devoir de bonne foi par application des § 241 al. 2 et 242 du BGB serait une autre voie pour imposer aux plateformes d'informer les contributeurs sur les risques encourus ou sur la plausibilité des projets[44]. Pour imposer un tel devoir d'information, il faut que les éléments sur lesquels porte cette information soient une condition déterminante du consentement du créancier de l'obligation d'information[45]. Or, le contrat qui lie le contributeur et la plateforme n'est qu'un contrat d'intermédiaire par lequel la plateforme permet à l'internaute d'utiliser le site internet. Les risques encourus ne concernent pas ce premier contrat, mais celui directement conclu entre le contributeur et le porteur de projet. C'est la raison pour laquelle il ne semble pas possible d'imposer directement ce devoir à la plateforme car cela ne relève pas de son contrat. Tout ce qui concerne le projet à financer ne rentre pas dans la sphère contractuelle entre la plateforme et le contributeur, mais entre l'initiateur et le contributeur.

2) La protection par les règles du droit des affaires

En cette matière, comme en droit français, on retrouve des exigences relatives au prospectus informatif, la nécessité d'obtenir une autorisation mais aussi toutes les règles protectrices issues du droit des sociétés et du droit de la consommation.

---

selon lequel la plateforme ne tire pas d'avantage pécuniaire direct de la campagne, mais seulement en cas de réalisation de celle-ci. Ces auteurs en concluent que ce devoir d'information ne doit pas être mis à leur charge.

44 MESCHKOWSKI (Alexander) et WILHELMI (Frederike K.), ibid.

45 BGH du 28.11.2011, NJW 2002, p. 1042-1043.

a) Le bénéfice d'un prospectus informatif

i. L'obligation de prospectus informatifs prévue par la loi sur les instruments financiers

Lorsque l'investissement concerne une entreprise, porteur de projet, se situant en Allemagne, il faudra alors respecter les normes allemandes relatives aux titres financiers prévues par le *Vermögensanlagegesetz*, loi sur les instruments financiers, VermAnlG. Deux séries d'informations doivent être effectuées, la loi prévoyant en son § 6 un prospectus de vente, *Verkaufsprospekt*[46], et le § 13 un résumé d'information sur la souscription, *Vermögensanlagen-Informationsblatt, VIB.*

Les exigences relatives au contenu du prospectus de vente sont prévues par les paragraphes 7 et suivants de la loi et sont très étendues. D'une manière générale, le premier alinéa du paragraphe 7 prévoit que « le prospectus de vente doit contenir toutes les indications réelles et juridiques qui sont nécessaires, afin de permettre au public une évaluation correcte de l'émetteur des titres financiers et des titres eux-mêmes ». Avant son émission, le prospectus doit être avalisé par l'autorité fédérale de surveillance des services financiers, la BaFin, par application du § 8 VermAnlG.

Le résumé d'information sur la souscription ou VIB, pour sa part, devra être rédigé selon le § 13 al. 2 du VermAnlG en moins de quatre pages de format A4. Il comportera des mentions relatives au type de souscription, à la politique et à la stratégie de l'émetteur, aux risques inhérent à la souscription, ou encore aux coûts liés à la souscription[47]. Le législateur impo-

---

[46] § 6: « Un prestataire qui offre à l'intérieur du pays publiquement des placements financiers, doit publier un prospectus de vente ». Ce § 6 a été introduit en droit allemand le 1er juin 2012. Sur le système antérieur, voir KLÖHN (Lars) et HORNUF (Lars), « *Crowdinvesting* in Deutschland: Markt, Rechtslage und Regulierungsperspektiven », op. cit., p. 246 et s.

[47] Extrait du § 13 al.2 VermAnlG: „*Art der Vermögensanlage, Anlagestrategie, Anlagepolitik, Anlageobjekte, die mit der Vermögensanlage verbundenen Risiken*".

sait à l'émetteur que les informations remises au contributeur soient claires et compréhensibles[48].

Ces exigences de prospectus informatif, qui ne diffèrent pas en ce point des exigences françaises, ne concernent que le *crowdinvesting*, c'est-à-dire le recours à l'émission de valeurs mobilières, qu'il s'agisse de parts de société en participation ou de titres financiers subordonnés (*Stille Beteiligung*, § 1 al. 2 Nr. 1. du VermAnlG, et *Genussrechte* § 1 al. 2 Nr. 4 du VermAnlG)[49]. Les prêts subordonnés ne relevaient pas de ces exigences. Jusqu'en 2012, la plupart des offres émises sur les plateformes devaient répondre à cette exigence, car le modèle principalement retenu était celui des parts sociales occultes, *Stille Beteiligung*, mais les plateformes faisaient en sorte que leurs appels relèvent des exceptions légales à cette exigence.

ii. Les exceptions légales

Il faut immédiatement souligner que lorsque le projet à financer est de faible importance, c'est-à-dire lorsque la valeur totale du financement recherché ne dépasse pas 100.000 euros, les coûts pour la réalisation de tels prospectus, informant sur la totalité des risques du placement financier et avalisés par la BaFin, pourront facilement dépasser les coûts du projet. Le montant moyen de la réalisation de ce prospectus informatif serait de l'ordre de 15 à 20 000 euros.

C'est la raison pour laquelle le système allemand prévoit, comme en droit français, des exceptions quant à cette exigence d'information. Ces exceptions sont prévues par le § 2 du VermAnlG, de la loi sur les titres financiers. Ainsi, n'ont pas à respecter aujourd'hui les obligations de prospectus de vente du § 6 et de notice informative du § 13, les appels à financement ne dépassant pas la somme totale de 100.000 euros sur une année, les appels faisant intervenir au maximum 20 contributeurs ou encore ceux dont la participation minimale est de 200.000 euros.

---

48 Extrait du § 13 al.4 VermAnlG: „*Der Anleger muss die […] bezeichneten Informationen verstehen können, ohne hierfür zusätzliche Dokumente heranziehen zu müssen*".

49 KLÖHN (Lars) et HORNUF (Lars), « *Crowdinvesting* in Deutschland: Markt, Rechtslage und Regulierungsperspektiven », op. cit., p. 247.

Si le projet ne peut profiter de ces exceptions, l'appel à financement sans respect de l'exigence de prospectus informatif[50] ou en cas de prospectus non conforme[51] sera selon le § 29 du VermAnlG passible d'une amende.

Le § 21 al. 1er envisage en outre un second type de sanction : en cas de non-respect de ces obligations, l'investisseur pourra s'adresser à l'émetteur des parts sociales (le porteur de projet à la recherche de financement) pour obtenir le remboursement des sommes versées.

iii. Contournements de l'obligation d'information

Tant que l'actuel projet de réforme n'a pas été adopté, il demeure en droit allemand un moyen de ne pas être soumis à l'exigence de prospectus informatif. Il suffit en effet de ne pas opter pour le financement sociétaire mais de recourir au prêt participatif car ce denier n'a pas à respecter l'obligation de prospectus prévue par le § 6 de la loi sur les titres financiers[52]. Un argument militait en effet en faveur de la non-soumission de ces prêts particuliers à l'exigence de prospectus informatif. Le § 8f du *Anlegerschutzverbesserungsgesetz*, loi sur l'amélioration de la protection des contributeurs, prévoyait expressément que les prêts de dernier rang n'étaient pas compris dans le domaine d'application du § 1 al. 2 du VermAnlG. Or, depuis la réforme du 1er juin 2012 et celle du VermAnlG, ces dispositions ont été supprimées. L'argument n'est donc plus valable aujourd'hui.

iv. Le projet de réforme des obligations assumées par l'émetteur

En raison de la multiplication de ce contournement des règles posées par la loi sur les titres financiers et sur le crédit, le gouvernement réfléchit à un élargissement des dérogations existantes à l'heure actuelle. Ainsi il a été discuté d'une augmentation du seuil actuel de 100.000 euros à 250.000 euros en matière d'émission d'instruments financiers.

---

[50] Haftung wegen fehlender Prospektpublizität.

[51] Haftung wegen fehlerhafter Prospektpublizität.

[52] *Merkblatt: Hinweise zum Tatbestand des Einlagengeschäfts der BaFin vom 11. März 2014*, disponible en ligne sous: http://www.bafin.de/SharedDocs/Veroeffentlichungen/DE/Merkblatt/mb_ 140311_tatbestand_einlagengeschaeft.html.

Dans le projet de protection des petits souscripteurs présenté par le Ministère des Finances[53], il est proposé d'introduire un nouveau § 2a dans le VermAnlG. Ce paragraphe prévoit que ne seront pas soumises aux règles législatives les émissions de titres inférieures à un million d'euros. Seront aussi exclues les émissions par internet dont la souscription est inférieure à 1000 euros, ou inférieure à 10 000 euros si le contributeur prouve détenir un capital personnel d'au moins 100 000 euros, ou du double de ses revenus mensuels dans la limite de 10 000 euros. Le projet de loi du gouvernement prévoit en outre d'exclure de l'obligation de résumé informatif ou VIB les souscriptions inférieures à 250 euros[54].

Le projet de réforme prévoit à plusieurs reprises d'augmenter l'information due aux petits souscripteurs[55]. Le projet du nouveau § 15 al.3. du VermAnlG prévoit l'impression papier du résumé informatif ou VIB par l'internaute, afin que ce dernier y porte sa signature et qu'il le renvoie à l'émetteur. L'alinéa 6 du § 13 envisage un autre renforcement de l'obligation d'information du petit contributeur par l'exigence de mentions obligatoires à porter sur le VIB. Ces mentions visent à attirer l'attention du contributeur sur les risques inhérents à l'opération, notamment celui de non remboursement. Le document informatif devrait par exemple porter la mention suivante : « *je höher die Rendite oder der Ertrag, desto größer das Risiko eines Verlustes* » ; « plus le rendement ou le gain sont élevés, plus le risque de perte est grand ». Le législateur entend attirer l'attention de l'internaute par l'exigence de signature du résumé in-

---

53 Voir *Entwurf eines Kleinanlegerschutzgesetzes* dans sa version du 10.11.2014, lien note 6.

54 Voir le projet de nouvel art. 2a al. 2 *Entwurf eines Kleinanlegerschutzgesetzes* du 10.11.2014, lien note 6.

55 *Entwurf eines Kleinanlegerschutzgesetzes* du 10.11.2014, p. 32, lien note 6: *„Mit den durch diesen Gesetzentwurf vorgesehenen neuen Regelungen sollen sich Anleger künftig vor dem Erwerb risikobehafteter Vermögensanlagen besser und wirksamer informieren können. Parallel dazu werden die Anforderung an die Anbieter und Vermittler solcher Vermögensanlagen verschärft. Sie müssen mehr und bessere Informationen in ihren Prospekten veröffentlichen und sind bei Fehlverhalten verstärkten Sanktionen bis hin zum Vermarktungsverbot der betroffenen Vermögensanlage ausgesetzt"*.

formatif. Cette signature obligatoire doit le faire prendre conscience des risques encourus[56].

b) La nécessité d'obtenir l'autorisation d'émission par l'autorité fédérale de surveillance des services financiers

Le § 32 al. 1er du *Kreditwesengesetz*, la loi sur le crédit, KWG, impose une autorisation par la BaFin pour les établissements exerçant une activité financière comme banque ou comme intermédiaire financier sur le territoire – *Bankgeschäft oder Finanzdienstleistung*. La difficulté est que ces activités financières ne sont pas légalement définies, le § 1er proposant une liste d'activités de telle sorte que les plateformes internet pourraient tomber sous cette obligation d'autorisation. Elles pourront être concernées ici en tant qu'intermédiaires de produits financiers – *Anlagevermittlung*[57], § 1 al. 1a Nr. 1 du KWG – ou pour le placement de produits financiers – *Platzierungsgeschäft*[58], § 1 al. 1a Nr. 1c du KWG –, mais aussi si elles réceptionnent les fonds versés par les contributeurs en tant que service de paiement – *Zahlungsdienst*.

i. L'autorisation des plateformes en tant qu'intermédiaire financier

L'obligation d'autorisation pour l'émission de titres par la BaFin pourra concerner certaines plateformes de *crowdfunding* par application du § 1 al. 1a deuxième phrase, Nr.1 du KWG, et du § 1 al. 11 dans la mesure où l'expression d'instruments financiers concernera aussi bien les participations occultes - *stille Beteiligung*, les titres subrodonnés – *Genussrechte*, que les parts sociales au sens du § 705 et s. du BGB.

---

56 *Entwurf eines Kleinanlegerschutzgesetzes* du 10.11.2014, p. 57, lien note 6: „*Mit dem neuen Absatz 3 soll der Anleger angehalten werden, das Vermögensanlagen Informationsblatt sorgfältig zu lesen, um sich der Risiken der Vermögensanlage bewusst zu werden. Die Pflicht zur Bestätigung der Kenntnisnahme des Vermögensanlagen Informationsblatts durch seine Unterschrift soll dem Anleger eindringlich bewusst machen, dass er unter Umständen ein hohes Risiko eingeht, insbesondere dann, wenn sowohl die Höhe der in Aussicht gestellten Rendite auf das eingesetzte Vermögen als auch die Höhe des in Aussicht gestellten*".

57 MESCHKOWSKI (Alexander) et WILHELMI (Frederike K.), « Investorenschutz im *Crowdinvesting* », op. cit., p. 1413.

58 NIETSCH (Michael) et EBERLE (Nicolas), « Bankaufsichts- und prospektrechtliche Fragen typischer *crowdfunding*-Modelle », op. cit., p. 1788-1795.

L'activité d'intermédiaire en produits financiers désigne toute intervention pour la cession d'instruments financiers, peu importe si cette médiation est faite pour le compte de l'émetteur ou du souscripteur. La médiation via une plateforme internet correspondrait donc à cette qualification d'intermédiaire.

Mais pour que cette qualification soit retenue à l'encontre de la plateforme, il faut que celle-ci agisse comme représentant, *offener Stellvertreter*, d'une des parties au contrat, § 1 al.1a phrase 2 Nr. 2 du KWG. Au contraire, en raison des risques de responsabilité qu'une telle représentation pourrait faire courir, les plateformes cherchent à s'immiscer le moins possible dans la relation existant entre initiateur et contributeur. La majorité des plateformes échappent ainsi à cette exigence d'autorisation par la BaFin[59].

L'obligation d'agrément est aussi imposée aux établissements de placement d'instruments financiers, *Platzierungsgeschäft*. Or, pour que cette activité soit reconnue, il faut que lors de l'émission, les titres financiers soient cédés au nom et pour le compte d'un tiers. Mais comme le contrat est conclu directement entre initiateur et contributeur, il n'est pas possible de considérer que la plateforme ait agi comme intermédiaire de placement de produits financiers.

ii. L'autorisation des plateformes en tant que service de paiement

Le § 1 al. 1 du *Zahlungsdienstaufsichtsgesetz*, loi sur la surveillance des services de paiement, ZAG, prévoit encore la soumission à autorisation de l'activité de service de paiement. Si la plateforme participe à la récolte des fonds des contributeurs lors de leur transfert à l'initiateur, elle pourra tomber sous cette obligation[60]. Mais dans la majorité des cas, la plateforme sous-traitera le transfert des fonds afin de ne pas être soumis à cette autorisation.

---

59 SCHMITT (Christoph) et DOETSCH (Matthias), « *Crowdfunding* : neue Finanzierungsmöglichkeit für die Frühphase innovativer Geschäftsmodelle », op. cit., p. 1453.

60 NIETSCH (Michael) et EBERLE (Nicolas), « Bankaufsichts- und prospektrechtliche Fragen typischer *crowdfunding*-Modelle », op. cit., p. 1788-1795.

c) La protection par les règles du droit des sociétés

En cette matière, le droit allemand des sociétés ne diffère pas non plus du droit français.
S'associer signifie avoir le droit de participer au fonctionnement de la société par la prise de délibérations collectives. Cela signifie aussi un droit d'information, un droit de contrôle de la gestion, un droit aux bénéfices sociaux. Il suffira pour les porteurs de projets de tenir à disposition des investisseurs leurs documents comptables afin que ces derniers puissent en prendre connaissance comme le prévoit le § 716 du BGB.

d) La protection par les règles du droit de la consommation

La majorité des plateformes de *crowdfunding* présentes sur le marché allemand ne respectent pas actuellement les dispositions protégeant les consommateurs.

Depuis le 13 juin dernier et la transposition de la directive du 25 octobre 2011 relative aux droits des consommateurs, il est clair que la majorité des contributeurs doivent être considérés comme consommateurs au sens du nouveau § 13 BGB. Cela a pour conséquence le respect par les plateformes de toutes les dispositions relatives aux obligations d'information et au droit de rétractation dans le cadre de la vente à distance prévues par le BGB et l'*Einführungsgesetz zum Bürgerlichen Gesetzbuch*, EGBGB. Le non-respect de ces dispositions pourra conduire à l'absence de validité de la participation et constituera alors un risque pour le porteur de projet.

Les contrats conclus entre le contributeur et l'initiateur seront soumis au contrôle des clauses abusives, tel que prévu par les § 305 et s. du BGB[61].

B – Les zones d'ombre

Trois zones d'ombre demeurent. La première concerne la technique du prêt participatif de dernier rang. La deuxième concerne la protection des

61 JANSEN (David Jean) et PFEIFLE (Theresa), « Rechtliche Probleme des *Crowdfundings* » op. cit. p. 1847.

droits d'auteur de l'initiateur et la dernière concerne l'encadrement de l'activité de la plateforme.

1) Les zones d'ombre du recours à la technique du prêt participatif de dernier rang, partiarisches Darlehen

a) La difficile distinction en matière de technique sociétaire

Il est souvent difficile de distinguer entre les différentes formes d'investissement, notamment entre le titre subordonné et le prêt participatif subordonné[62].

Comme déjà évoqué, ces deux types de financement donnent lieu à une créance de dernier rang. Tous les deux relèvent de ce que le droit allemand désigne comme *Mezzanine Kapital*, c'est-à-dire des capitaux qui sont assimilés aux fonds propres, mais qui ne permettent pas de profiter des règles de participation à la société.

La distinction entre ces modèles de *crowdinvesting* est d'autant plus malaisée que les contrats proposés par les plateformes ne sont pas explicites. Par exemple, le contrat que propose la plateforme seedmatch.de est désigné comme *Beteiligungsvertag*, contrat de participation littéralement. Or, dans les faits, il ne s'agit pas d'une prise de participation de type sociétaire mais d'un contrat de prêt participatif de dernier rang[63].Dans leur mécanisme, ils sont donc proches. Or, il est déterminant de les distinguer car seul le prêt participatif subordonné permet de ne pas être soumis aux conditions posées par la loi sur les titres financiers, VermAnlG et celles sur le crédit, *Kreditwesengesetz*, KWG.

---

62 WENZLAFF (Karsten), « *Crowdfunding* im Koalitionsvertrag: Was heißt das für die *crowdfunding*-Branche in Deutschland », disponible en ligne sous: http://www.ikosom.de/2013/11/26/*crowdfunding*-im-koalitionsvertrag-was-heist-das-fur-die-*crowdfunding*-branche-in-deutschland/.

63 SCHMITT (Christoph) et DOETSCH (Matthias), « *Crowdfunding* : neue Finanzierungsmöglichkeit für die Frühphase innovativer Geschäftsmodelle », op. cit., p. 1453.

b) L'absence de règles spécifiques en matière de prêt participatif de dernier rang

Dans l'état actuel du droit positif allemand, les dispositions de la loi sur les titres financiers, VermAnlG, ainsi que celles de la loi sur le crédit, KWG, ne s'appliquent pas au prêt subordonné participatif[64]. Cela signifie donc qu'un exploitant de plateforme, qui propose ces instruments, ne sera soumis ni à l'obligation de prospectus ni à l'obligation d'autorisation par la BaFin, ce qui constitue un facteur de risque pour les prêteurs internautes.

En outre, alors qu'un investisseur sera protégé et dans une certaine mesure par ses droits d'associé tels que prévus par le droit des sociétés allemand, le prêteur ne pourra pas profiter non plus de cette protection.

Le développement de cette technique qui ne répond ni aux exigences financières, ni aux exigences du droit des sociétés, conduit à augmenter le risque encouru par l'internaute. Ce risque est aussi important non seulement pour le porteur de projet, qui devra dans le doute informer même en l'absence d'une obligation de prospectus, mais cela constitue aussi un risque pour le conseil juridique ayant accompagné la réalisation d'une telle campagne de *crowdfunding*. Dernier facteur aggravant le risque : les sommes prêtées sont utilisées par les entreprises comme des capitaux propres alors qu'il s'agit en réalité d'une dette, une dette de dernier rang, mais une dette et non un élément du capital.

Une solution pour protéger l'internaute novice sera alors de recourir aux obligations de renseignement précontractuelles en imposant aux plateformes une obligation d'indication concernant les risques encourus, sans que leur portée soit prévisible actuellement.

Conscient de ce problème de non-soumission de ce type de prêt aux exigences informatives prévues par la loi sur les titres financiers, et compte tenu des contournements faits par les plateformes pour ne pas avoir à respecter cette obligation onéreuse de prospectus, le gouvernement s'est

---

64 AURICH (Bastian), „Neues Maßnahmenpaket für den grauen Kapitalmarkt" in GWR, 2014, p. 295-298, spéc. p. 296.

engagé sur la voie de la réforme de la protection des petits souscripteurs. Dans une réponse à une question posée fin août 2013 par un groupe parlementaire du *Bundestag*[65], il a été reconnu que les plateformes contournent actuellement l'esprit de la loi sur les titres financiers. Les entreprises ont recours trop facilement à ces prêts participatifs de dernier rang. Le gouvernement s'est engagé sur ce point à clarifier dans les deux prochaines années cette situation et travaille sur une modification des règles actuelles en la matière.

Afin de supprimer toute difficulté de qualification, le ministère des finances propose dans son dernier projet de loi de protection des petits souscripteurs d'inclure dans le champ d'application de la loi sur les produits financiers, VermAnlG, les prêts participatifs de dernier rang, projet de nouveau § 1 al. 2 n°3[66]. Le législateur souhaite par cette réforme combler les lacunes actuelles de la protection des petits contributeurs[67].

2) L'absence d'encadrement légal spécifique à l'activité des plateformes

La voie choisie par le législateur allemand diffère de celle choisie par le législateur français en ce sens que le projet de protection des petits souscripteurs ne vise pas directement les plateformes mais augmente les obligations des initiateurs de projets. L'encadrement actuel est en conséquence le fait de l'initiative des plateformes elles-mêmes. Depuis 2012, les plateformes allemandes se sont rassemblées et ont mis sur pied un

---

65 Anfrage der Fraktion Bündnis'90/Grüne, Bundestag Drucksache 17/14666, disponible en ligne sous: http://dip21.bundestag.de/dip21/btd/17/146/1714666.pdf.

66 Voir *Entwurf eines Kleinanlegerschutzgesetzes* dans sa version du 10.11.2014 lien note 6, p. 45. Dans ce projet de loi, le gouvernement affiche clairement la volonté d'éviter les contournements et d'inclure tous les produits financiers proposées. L'objectif étant que tous ces produits soient soumis ou à un contrôle du type de celui prévu par la loi sur les crédits, KWF, ou une obligation de prospectus informatif telle que prévue par la VermAnlG, loi sur les produits financiers, ou la *Wertpapierprospektgesetz*, loi sur les titres financiers.

67 Pour un premier commentaire du projet de réforme, voir JESCH (Thomas A.) et SIEMKO (Sabrina), „Das Kleinanlegerschutzgesetz: Verbraucherschutz, schneller als MiFID II erlaubt ?" in BB Heft 43/2014 p. 2570-2572.

réseau professionnel, le *German crowdfunding network*. Ce réseau rassemble tous les acteurs du *crowdfunding*, plateformes, porteurs de projet mais aussi conseillers, régulateurs ou autres experts. Il incombe donc aujourd'hui à chaque plateforme de définir sa politique de contrôle quant aux projets acceptés et qu'elle présentera. Ainsi par exemple le site www.seedmatch.de n'accepte comme porteur de projet que des GmbH ou UG.

Le contrat de recherche de financement désigné comme *Beteiligungsvertrag*[68] est conclu par le porteur de projet et la plateforme. Les plateformes n'assument dans leurs conditions générales qu'un rôle d'intermédiaire entre le porteur de projet et les éventuels contributeurs et se rémunèrent grâce à une commission qui est de l'ordre de 5 à 10 % de la somme récoltée. Elles n'assument aucune obligation contractuelle sur le contenu des projets présentés ; dans leurs conditions générales, la plupart des plateformes excluent en effet leur responsabilité en la matière[69]. Une fois ce contrat de *Beteiligungsvertrag* signé, le projet est publié sur la plateforme et la phase de souscription s'ouvre. Dans la plupart des cas, la phase de souscription dure 60 jours et peut exceptionnellement être prolongée de 30 jours[70]. Durant cette phase, les contributeurs s'engagent alors personnellement envers le porteur de projet. Si le financement n'a pas été souscrit dans son intégralité, les contributeurs devront récupérer les sommes engagées, et le contrat de financement prend fin.

3) Les zones d'ombre de la protection des droits d'auteur de l'initiateur

Un dernier domaine demeure pour lequel cette technique de financement sur internet pose un problème. En effet, pour pouvoir lever des fonds et convaincre de l'intérêt du projet, l'initiateur du projet à financer aura une tendance à présenter précisément son projet et à le détailler. Or, bien

68 MESCHKOWSKI (Alexander) et WILHELMI (Frederike K.), « Investorenschutz im *Crowdinvesting* », op. cit., p. 1413.

69 MESCHKOWSKI (Alexander) et WILHELMI (Frederike K.), ibid.

70 SCHMITT (Christoph) et DOETSCH (Matthias), « *Crowdfunding* : neue Finanzierungsmöglichkeit für die Frühphase innovativer Geschäftsmodelle », op. cit., p. 1453.

évidemment, un problème de protection de ses droits d'auteur va émerger. Que prévoit le droit allemand notamment face au comportement d'autres internautes peu scrupuleux qui, sur la base de ces projets, déposeront avant l'inventeur, le produit présenté publiquement sur la plateforme[71] ?
En matière de protection des droits d'auteur, l'*Urheberrechtsgesetz*, loi sur les droits d'auteur, UrHG, protège les réalisations, *Werke* au sens du § 2 UrHG, et non les seules idées. La simple idée de réaliser un projet ne sera pas protégée, même si cette idée est singulière. Il faut que cette idée dépasse le stade de la subjectivité ; que d'une idée générale, elle devienne une idée individualisée et originale[72]. Pour bénéficier de la protection du § 2 du UrHG, il faut que le concept soit exprimé de manière concrète par la présentation d'un modèle ou d'une description précise[73]. Or, souvent, les projets présentés ne pourront être considérés comme de telles réalisations et ne pourront pas profiter de la protection par le prisme du droit d'auteur.

Le législateur allemand s'est donc engagé sur la voie de la réforme. L'agenda digital 2014-2017 englobe la protection des contributeurs aux projets de financement participatif[74]. Le projet du Ministère des Finances présenté tout d'abord au mois de juillet, puis révisé en novembre 2014, n'est que le premier à être avancé. Mais la proposition d'impression par l'internaute de documents informatifs et leur signature pourrait porter un frein à l'engouement pour ce type de financement. Conscient de ce risque, le législateur a revu sa copie entre juillet et novembre 2014 et a essayé d'encadrer cette procédure aux campagnes de financement les plus risquées.[75]. De même, il a prévu que le résumé informatif à complé-

---

71 SCHMITT (Christoph) et DOETSCH (Matthias), ibid., p. 1454.

72 BGH du 19.10.1994 in Gewerblicher Rechtsschutz und Urheberrecht (GRUR) 1995, 47, 48.

73 BAREISS (Andreas), « Filmfinanzierung 2.0, Funktionsweise und Rechtsfragen des *Crowdfunding* », op. cit., p. 463.

74 Digitale Agenda 2014-2017, lien note 3.

75 Projet de réforme du § 13 al. 7 VermAnlG, *Entwurf eines Kleinanlegerschutzgesetzes*, dans sa version du 10.11.2014, lien note 6.

ter et à signer pourrait être transmis par scanner ou voie électronique[76]. Si le VIB n'a plus à être proprement imprimé et qu'une signature électronique suffit, l'entrave au développement de ces techniques de financement pourrait être de moindre ampleur.

[76] *Entwurf eines Kleinanlegerschutzgesetzes*, dans sa version du 10.11.2014, p. 48, lien note 6.

Le financement participatif : L´état du droit luxembourgeois

Martina HUPPERTZ*

* Avocate associée / Rechtsanwältin, Cabinet MOLITOR, Luxembourg.

1) Le crowdfunding est-il répandu au Luxembourg ? Quelles en sont les formes les plus reconnues ?

Le crowdfunding est connu au Luxembourg, mais a trouvé peu d'intérêt jusqu'à présent. Selon les informations actuellement disponibles, en 2014 une plateforme a été établie, mais celle-ci n'est pas active à l'heure actuelle. Cette plateforme a notamment pour but d'aider des entrepreneurs/start-up à financer leurs activités par le biais de récompenses, de bons et par conséquent sans contrepartie financière.

Dans la presse luxembourgeoise, un autre projet de *crowdfunding* a récemment fait l'objet de discussions. Ce dernier prévoyait un investissement dans le capital d'une société ("*Equity crowdfunding*" ou "*crowdinvesting*"). Etant donné l'absence d'autres plateformes, il n'est pas possible de déterminer les formes ayant le plus de succès.

2) Le Luxembourg dispose-t-il d'un cadre légal spécifique pour le crowdfunding ?

A l'heure actuelle, le Luxembourg ne dispose pas de cadre légal spécifique pour le *crowdfunding*. En avril 2014, dans le cadre d'une question parlementaire (n° 243), deux députés ont demandé au Ministre des Finances, Monsieur Gramegna, s'il envisageait de proposer l'introduction d'un cadre légal spécifique afin de promouvoir davantage ce mode de financement.

Dans sa réponse datée du 28 juin 2014, Monsieur Gramegna a souligné que le *crowdfunding* était déjà assujetti de par la nature de ses opérations à la réglementation financière. Le ministre a également reconnu que la réglementation actuelle, élaborée à une époque où le financement participatif et les réseaux sociaux n'existaient pas encore, risquait de mettre un frein au développement du *crowdfunding*, en lui imposant des contraintes et des coûts disproportionnés par rapport à l'activité exercée.

Par ailleurs, le ministre considère que le *crowdfunding* repose sur un nouveau métier, qui est celui d'intermédiaire en financement, pour lequel il faudrait apprécier s'il est opportun de lui offrir un statut adapté pour ne pas freiner le développement de ses activités. Enfin, il considère que le fait d'encadrer le *crowdfunding* reviendrait à soumettre l'opérateur à "*un cadre adapté et allégé et pourrait être un moyen de favoriser son développement.*" Néanmoins, à l'heure actuelle, aucun avancement dans un tel projet n'est connu publiquement.

L'activité de l'intermédiation financière est réglementée par l'article 24-8 de la loi du 5 avril 1993 sur le secteur financier et inclut notamment:

- la fourniture de recommandations personnalisées à un client en ce qui concerne un ou plusieurs instruments financiers ou produits d'assurance ; et
- la réception et la transmission des ordres portant sur un ou plusieurs instruments sans détention de fonds ou de produits financiers des clients.

Il est peu probable que la plateforme de *crowdfunding* fournisse des recommandations personnalisées à un client ayant l'intention d'investir dans un projet de *crowdfunding*. Il est également peu vraisemblable que la fonction de la plateforme de *crowdfunding* soit de recevoir ou transmettre des ordres sur un instrument financier tel qu'une action dans une société. Dans la plupart des initiatives rencontrées, il s'agit d'un hébergement de projet de financement.

Néanmoins, il n'est pas exclu que la plateforme agisse notamment en tant que:

- société d'intermédiation financière;
- courtier en instruments financiers;
- commissionnaires;
- ou entreprise d'investissement exploitant un MTF au Luxembourg

et soit dès lors, par ce statut, soumise à la loi du 5 avril 1993 sur le secteur financier, et par conséquent à la supervision par la Commission de Surveillance du Secteur Financier au Luxembourg, CSSF, l'autorité de surveillance compétente pour ces professionnels au Luxembourg. En outre, il n'est pas exclu que la plateforme soit considérée comme un prestataire de service de paiement selon la loi du 11 novembre 2009 relative aux services de paiement et qu'elle constitue également un professionnel soumis à la surveillance de la CSSF.

Par ailleurs, la plateforme ou le projet de *crowdfunding* pourrait être considéré comme gestionnaire d'un ou plusieurs organismes alternatifs de placement collectif s'il lève des capitaux auprès d'un certain nombre d'investisseurs en vue de les investir conformément à une politique d'investissement définie. L'activité d'un gestionnaire d'un tel fonds d'investissement alternatif, AIFM, requiert une autorisation spéciale.

Enfin, d'autres lois pourraient s'appliquer à cette matière. Sont envisagées notamment les réglementations relatives aux prospectus (loi du 10 juillet 2005 sur les valeurs mobilières) ou concernant les obligations de transparence (loi du 11 janvier 2008).

3) Quels risques voyez-vous en l'absence de cadre légal spécifique ?

L'Union européenne a développé un cadre réglementaire harmonisé en matière financière pour protéger au mieux le consommateur. Dans le cadre d'un investissement dans un projet de *crowdfunding*, l'absence de réglementation spécifique implique l'absence de protection de l'investisseur. Une telle protection n'est accordée que si une loi (sur la protection des investisseurs) le prévoit, comme le fait la réglementation applicable aux entreprises d'investissement, mentionnée ci-avant. L'investisseur n'est pas protégé contre les risques résultant d'une fraude. En effet, la seule personne ou entité qui pourrait garantir le bon fonctionnement d'un projet est la plateforme même. De manière générale, les plateformes se déchargent de leurs responsabilités vis-à-vis des investisseurs, même si une due-diligence est effectuée avant l'admission du projet. Un projet de *crowdfunding* pourrait, par ailleurs, être utilisé à des fins de blanchiment d'argent ou de financement du terrorisme. En effet, à partir du moment où la plateforme qui met à disposition le projet de *crowdfunding* n'est pas un professionnel auquel s'applique la réglementation de la loi du 12 novembre 2004 (relative à la lutte contre le blanchiment et le financement du terrorisme), un tel risque existe.

4) Quels conseils donneriez-vous à une société luxembourgeoise qui souhaiterait établir une plateforme de crowdfunding?

Tout d'abord, il faudrait élaborer une idée claire, concrète et détaillée de l'activité envisagée et des acteurs prévus pour exercer l'activité.

Puis, dans un deuxième temps, il faudrait analyser quelle réglementation en matière financière pourrait s'appliquer aux activités envisagées. Nous pensons notamment aux lois du 5 avril 1993 sur le secteur financier, du 10 juillet 2005 sur les prospectus pour valeurs mobilières ou du 12 juillet 2013 relative aux gestionnaires de fonds alternatifs. Dans l'hypothèse où aucune réglementation spécifique ne s'appliquerait, il conviendrait de vérifier la nécessité d'une autorisation d'établissement commercial (selon la loi du 2 septembre 2011) et il conviendrait également de vérifier le besoin d'autres autorisations, notamment concernant la protection des données.

Afin de s'assurer de l'application ou non des lois énoncées ci-avant, il est conseillé de présenter son projet à la CSSF. Dans le meilleur des cas, la CSSF estimera qu'aucune autorisation n'est à demander et les porteurs du projet pourront continuer leur chemin. Dans le cas contraire, un dossier de demande d'autorisation devra être introduit. Dans toutes les hypothèses, s'assurer de la non-application des lois mentionnées ci-avant de l'avis même de la CSSF évitera aux porteurs du projet de mauvaises surprises à un stade ultérieur, lesquelles pourraient avoir un impact négatif une fois l'activité exercée. Au niveau pénal notamment, il est important de noter que des peines d'amende allant jusqu'à 125.000 euros ainsi que des peines d'emprisonnement allant jusqu'à cinq ans, ont été prévus.

Le financement participatif : L´état du droit belge

Entretien avec Philippe LEDENT[1]

[1] Chef d´entreprises en Belgique.

1) Quel est la place de cette technique dans votre pays ? Quel est l'évolution actuelle et future ?

Tout d'abord, je vous dirais très modestement que je ne suis pas juriste ! Donc je vous propose d'aborder la problématique du *crowdfunding* sous le prisme d'un entrepreneur, qui soutient également la cause entrepreneuriale dans le cadre d'une société spécialisée qui met en place actuellement une plateforme de *crowdfunding*.

Littéralement, « *crowdfunding* » signifie « financement par la foule ». Concrètement, il s'agit de récolter des fonds auprès de monsieur et madame Tout-le-Monde, le plus souvent via des plateformes spécialisées sur Internet, pour financer un projet spécifique. Les typologies de *crowdfunding* se déclinent en trois segments : le mécénat (ou le don) souvent utilisé pour financer des œuvres ou une action d'intérêt général ; il y a également le prêt avec ou sans contrepartie ; enfin, le segment de l'investissement qui permet à des particuliers d'investir au capital d'une société. Cet investissement permet d'obtenir des actions et de participer à une aventure entrepreneuriale.

Le *crowdfunding*, comme partout, se développe en Belgique. Il y a aujourd'hui en Belgique environ 15 plateformes. La plus active est MyMicroInvest. En moyenne, elle met 350.000 à 400.000 euros à la disposition d'une entreprise, prêts et *crowdfunding* confondus. Le *crowdfunding* leur fournit un tiers du financement, les deux tiers restants provenant de *business angels*, de fonds d'investissement et/ou des prêts bancaires. La croissance du nombre de projets illustre l'essor du secteur, y compris en Belgique : 13 entreprises jusqu'à fin 2013, 11 supplémentaires rien qu'en 2014 et, selon les estimations, 50 entreprises supplémentaires en 2015 (une par semaine)

2) Existe-t-il un cadre juridique contraignant et si oui, comment les acteurs économiques s'en sortent-ils ? Le gouvernement s'est-il saisi du dossier ? Parle-t-on de projets de réforme ?

La FSMA[2], l'autorité de régulation des marchés et des opérations bancaires, veille au grain. J'ai la chance de siéger au Conseil Supérieur des Indépendants et des petites et moyennes entreprises, PME, dans le cadre de mon mandat de vice-président d'une organisation patronale l'UCM[3]. De ce fait, j'ai été bien informé des évolutions légales et réglementaires. Il existe un cadre juridique qui s'appuie sur des arrêtés royaux, circulaires, etc., qui encadrent les opérations de *crowdfunding* : à savoir notamment le « Cadre réglementaire applicable aux opérations de *crowdfunding* » (FSMA – 12 juillet 2012[4]), ainsi que les lois du 2 août 2002 en matière d'activité en qualité d'intermédiaire financier ou qualifié[5], du 22 mars 2006 relative à l'intermédiation en services bancaires et en services d'investissement et à la distribution d'instruments financiers[6], du 16 juin 2006 relative aux offres publiques d'instruments de placement[7], du 20 juillet 2004 relative à certaines formes de gestion collective de portefeuilles d'investissement[8], et du 6 avril 1995 relative au statut et au contrôle des entreprises d'investissement[9].

---

2 NDLR: Autorité belge des services et marchés financiers.
3 NDLR: union des classes moyennes.
4 Document disponible en ligne sous: http://www.fsma.be/~/media/Files/fsmafiles/circ/fr/fsma_2012_15.ashx.
5 Loi disponible en ligne sous: http://www.nbb.be/doc/ts/enterprise/juridisch/lo20020802.pdf.
6 Loi disponible en ligne sous: http://www.fsma.be/~/media/Files/fsmafiles/wetgeving/wet_loi/2006-03-22_Wet_Loi.ashx.
7 Loi disponible en ligne sous: http://www.ejustice.just.fgov.be/cgi_loi/change_lg.pl?language=fr&la=F&cn=2006061630&table_name=loi.
8 Loi disponible en ligne sous: http://www.etaamb.be/fr/loi-du-20-juillet-2004_n2005003063.html.
9 Loi disponible sous le lien suivant: http://www.nbb.be/doc/cp/fr/bo/wg/pdf/law_06-04-1995_04-2014.pdf.

L'élément-clé pour les plateformes de *crowdfunding* est de vérifier si les opérations de *crowdfunding* ne constituent pas une offre publique d'instruments de placement, OPIP, au sens de la loi du 16 juin 2006. De manière synthétique, les opérations liées à l'*equity* et aux prêts non standardisés doivent dans tous les cas obtenir l'accord de la FSMA. Un texte en chantier sous la précédente législature et qui date de mars 2014[10] prévoit de porter la récolte maximale du financement participatif à 300.000 euros par projet, contre 100.000 actuellement, tout en limitant la mise individuelle à 300 euros. Trop peu sans doute...En cas de non-respect de ces deux conditions, le projet de financement devra faire l'objet d'un prospectus, à faire approuver par la FSMA, l'autorité des marchés : une procédure qui coûte cher et qui prend du temps, ce qui décourage les porteurs de petits projets.

3) Existe-t-il en Belgique une particularité en matière de crowdfunding ? Une des techniques est-elle plus développée ou rencontre-t-elle plus d'engouement que d'autres ?

Le phénomène du financement participatif est encore embryonnaire chez nous. Mais les initiatives se multiplient. Parmi les acteurs, on citera notamment MyFirstCompany (start-up), Look&Fin (entreprises), MyMicroInvest (start-up), Identity Coop (troc et conseils), Crowd In. Quant aux références et précurseurs en matière de c*rowdfunding* internationaux, ils se nomment Kickstarter, RocketHub et Kiva. Ceux-ci commencent à se développer un peu partout en Europe !

Contrairement à d'autres créneaux du *crowdfunding* pour lesquels la localisation de la plateforme ou des projets présentés n'a pas ou peu d'importance, le *crowdfunding* de société en capital-risque est fortement impacté par la législation et la réglementation locale, et est donc généralement compartimenté par zone. La société MyMicroInvest - www.mymicroinvest.com est à l'heure actuelle (c'est à dire 2014) la seule société proposant le financement de start-up (ou projets) via *crowdfunding*

---

10 Voir le communiqué de presse du 26 mars 2014 publié par le ministre Koen Geens, http://www.koengeens.be/fr/news/2014/03/24/cadre-legal-pour-le-*crowdfunding*.

en capital-risque en Belgique. Un certain nombre d'autres projets plus ou moins similaires existent à des degrés divers de développement, mais ils ne sont pas encore opérationnels à ce stade.

4) Est-il possible de dégager un profil des sociétés ayant recours à ces techniques ?

Si jusqu'il y a peu le financement participatif était surtout l'apanage des secteurs culturels et artistiques (financement d'albums musicaux, de films...), il s'ouvre désormais aussi aux jeunes entrepreneurs et starters, aux associations caritatives, aux projets associatifs, environnementaux et même au financement de certains projets académiques (universités).

Le *crowdfunding* semblait donc réservé aux créateurs. Cependant, grâce à la professionnalisation des structures et à l'utilisation de financements groupés, de plus en plus d'hommes d'affaires l'envisagent. D'autant plus que le *crowdfunding* a aussi un effet marketing non négligeable et il devient de plus en plus un outil de marketing pour les entreprises. Plusieurs témoignages l'attestent. Le positionnement des plateformes conditionne le profil des entreprises, et celui des investisseurs.

5) Comment avez-vous découvert cette technique, quels sont vos projets en la matière ?

A titre personnel, je suis un entrepreneur moi-même actif dans le soutien au développement de starters et de start-up en Belgique et dans la Grande Région. En 2002, j'ai fondé Challenge (www.challengeonline.be) qui est une référence en Wallonie en matière de conseil en création d'entreprises. En 2012, j'ai été interpellé par une réflexion sur les circuits courts, qu'ils soient alimentaires (*food*) ou non. Cela m'a amené à intégrer également une réflexion sur le circuit court de l'argent... Pour moi, le *crowdfunding* participe également à cette dynamique, au même titre que l'émergence de monnaies locales (L'Epi lorrain dans le sud de la Belgique,...), les prêts entre membres d'une famille (love money). Le financement participatif est d'une certaine manière une vision plus moderne de ces échanges grâce à la technologie. Il s'inscrit également dans un mouvement plus profond, celui des *makers*, pour qui être partie prenante d'un projet, l'est davantage quand il y a une part d'investissement dedans. En plus, la crise bancaire a sensibilisé une partie du public à tout ce qui a un impact financier. Ces personnes veulent se réapproprier le contrôle de leurs ressources. Le *crowdfunding* reste un phénomène marginal dans le financement des entreprises, mais la disponibilité de l'épargne et la technologie en favoriseront l'essor. C'est une forme de diversification pour les investisseurs et pour les organisations financées.

Donc, d'ici 2015, je devrais être l'heureux papa d'une nouvelle plateforme de *crowdfunding* en Belgique. J'en ignore encore le nom à ce stade, mais elle proposera des prêts rémunérés à des starters qui construisent une économie positive pour l'homme et pour l'environnement !

6) Pourriez-vous en quelques lignes vous décrire et nous préciser vos actions dans le monde de l'entreprise en Belgique ?

J'ai 47 ans et trois enfants. Je me définirais comme un homme de la terre, un homme de terrain. Pour moi, entreprendre est un état d'esprit, une posture, être maître de ses choix, de sa vie ! C'est oser. C'est donc prendre un risque et le vivre intensément. L'univers des PME me passionne. Un indépendant, c'est d'abord une personne courageuse qui a osé oser ! Un indépendant est patron de sa vie et de son entreprise. Il vit de son savoir-faire !

Pour moi, le *crowdfunding* va se développer et est un plus pour le financement des starters, mais aussi d'un certain nombre de projets à vocations sociale, culturelle, artistique… Je milite pour une société entreprenante, le *crowdfunding* sensibilise également les particuliers au fait d'entreprendre.

J'ai fondé L.C.M. (Leadership – Consulting – Management), cabinet conseil en stratégie opérationnelle, en organisation et en management de TPE et PME. (www.lcm-team.com) et New Business au Luxembourg. Je préside également Challenge (www.challengeonline.be) qui épaule les starters en Wallonie. Je suis en outre administrateur de sociétés et membre de la Commission Buysse. En 2015 et 2016, je présiderai le Comité Economique et Social de la Grande Région.

Vous retrouverez toute ma bibliographie et toutes mes fonctions sur: www.philippeledent.be

Deuxième partie : Actes complémentaires

Le financement participatif : L'état du droit français

Matthieu BERTOZZO*

* Matthieu BERTOZZO a reçu en 2013/2014 le prix d'excellence de l'Université franco-allemande au vu de ses résultats en troisième année de Licence franco-allemande Sarrebruck/Metz. Ce travail constitue son séminaire de fin de troisième année dont il fut major.

Gustave Le Bon[1] a écrit que « *Le véritable progrès démocratique n'est pas d'abaisser l'élite au niveau de la foule mais d'élever la foule vers l'élite*[2] ». Mais qui connaît véritablement cet auteur, médecin de formation, ainsi que l'ensemble de son œuvre ? De même, est-ce que beaucoup de personnes peuvent associer une image aux noms, certes évocateurs pour le monde des finances, de ces hommes qui y ont substantiellement participé ? Jonathan Swift[3] ? Joseph Pulizer[4] ? Ou encore le Dr. Mohammed Yunus[5] ? Peut-être pas. Mais rassurons-nous, personne n'est omniscient, pas même nos internautes, pourtant les premiers concernés par le propos qui va suivre. Toujours est-il qu'il leur sera loisible de surfer quelques instants sur la toile pour effectuer des recherches *via* le moteur internet Google et sélectionner une biographie, le plus souvent celle qui apparaîtra en haut de la liste sur Wikipédia. En revanche, nous pouvons sans nul doute supposer que Barack Obama[6] n'est pas un grand inconnu pour la « foule ».

Quel lien unit pourtant ces hommes ? Le financement participatif. Ils en sont les précurseurs, les premiers adeptes ou tout simplement acteurs de

---

[1] LE BON (Gustave) (7 mai 1841 - 13 décembre 1931) est un médecin français, anthropologue, psychologue social et sociologue qui a étudié notamment le désordre comportemental et la psychologie des foules.

[2] LE BON (Gustave), Hier et demain, Pensées brèves, Flammarion, Paris 1918.

[3] SWIFT (Jonathan) (30 novembre 1667 - 9 octobre 1745) était écrivain anglo-irlandais connu pour être l'auteur de « Les voyages de Gulliver » (1726). Il a mis en place le « Fonds d'emprunt irlandais » pour fournir du crédit aux personnes pauvres de Dublin.

[4] PULITZER (Joseph) (10 avril 1847 - 20 octobre 1911) était un homme de presse d'origine hongroise. Il mit en place un mode de financement par la foule pour recueillir des fonds, nécessaires à l'achèvement de la Statue de la Liberté. Les contributeurs reçurent des statues miniatures en échange de leur participation.

[5] YUNUS (Mohammed) (28 juin 1940) est un économiste et entrepreneur bangladais. Il a lancé un projet de recherche sur la micro-finance avec ses étudiants au Bangladesh.

[6] OBAMA (Barack) a levé près de 88% de ses fonds de campagne grâce aux donateurs individuels. Le *crowdfunding* fut donc l'une de ses principales sources de financement.

ce mode alternatif à la levée traditionnelle de fonds. Ce mécanisme peut se définir comme étant une forme d'appel ouvert, essentiellement par le biais d'internet, pour la fourniture de ressources financières à des projets divers (artistiques, entreprenariats innovants, actions solidaires). Il met juridiquement en contact un porteur de projet (ou *crowd*preneur), un contributeur (*crowd-banker*) et une plateforme de financement (*crowdfunder*). Novateur, pour le cosmopolitisme financier, il ne l'est pas. La première expérience de financement participatif n'est pas datée mais certaines remontent aux origines de la socialisation humaine, l'agriculture s'étant développée par la mutualisation et la coopération. En France, son promoteur fut le cardinal Mazarin qui cherchait à réglementer un nouveau mode de financement par la foule sur proposition d'un banquier napolitain dénommé Lorenzo Tonti. Les « tontines », comme on les a alors appelées, ont été introduites grâce à un édit de 1689, appuyé par le secrétaire d'Etat à la Marine et à la Maison du Roi, Pontchartrain, pour financer la guerre. Dans l'ordre juridique français, ces « tontines » existent encore. On les trouve en droit des successions[7], en droit des biens[8] ou en droit des assurances[9]. Même le droit n'est donc pas si novice en la matière.

Tout l'attrait de ce sujet aujourd'hui réside dans le fait que ce système alternatif s'est formidablement développé à travers l'outil informatique que constitue internet. Il est aussi le témoignage d'une société en mal de financement comme c'est actuellement le cas dans de nombreux pays en Europe depuis la crise des *subprimes* venue tout droit des Etats-Unis d'Amérique en 2008. C'est un facilitateur pour la réalisation de projets et

---

[7] C'est notamment le cas en matière de fiscalité. Les « pactes tontiniers » sont effectivement interdits en droit des successions en vertu de l'art. 1130 du Code civil qui prohibe les pactes sur les successions futures.

[8] On peut citer l'art. 1044 du Code civil qui permet quant à lui la conclusion de « pactes tontiniers ». Il permet à plusieurs personnes qui achètent un bien (meuble ou immeuble) de prévoir que ce dernier reviendra en pleine propriété au survivant après le décès de tous les coacquéreurs.

[9] Il convient de viser les articles R.322-139 à R.322-159 du Code des assurances qui permettent les « associations tontinières » et améliore les rendements des placements pour des personnes voulant se constituer une épargne pour leur retraite sans se soucier des héritiers.

ce, pour plusieurs raisons. Tout d'abord, parce que le crédit est principalement soumis à l'accord (arbitraire) des banques et que ces dernières sont de moins en moins enclines à contribuer à des ambitions jugées lilliputiennes. En effet, on a tendance à associer le financement participatif à la micro-finance qui permet de prêter de l'argent à des personnes à faible revenu, solution *a priori* inintéressante pour de gros investissements. Ensuite, le monde des finances est encadré par des contraintes assez nombreuses et nécessite souvent des connaissances poussées en fonction des différents domaines qui le charpentent. Le remède serait donc le recours au financement participatif. On le connaît aussi sous le terme de *crowdfunding* utilisé pour la première fois en 2006 par Michael Sullivan[10]. Le mot de « *crowd* » signifiant la foule en anglais, cette expression illustre très bien ce qui se cache sous ce processus financier. Néanmoins, on ne doit pas l'envisager seulement sous l'angle de la difficulté qui existe aujourd'hui quant à l'accès au crédit. Bien au contraire, il démontre aussi un certain goût pour l'entreprenariat dans chacun des pays où le *crowfunding* tend à se développer. Comme l'a très bien exposé M. Philippe Ledent[11], dans notre société dominée par le consumérisme, on ne veut plus être de simples contemplateurs mais on souhaite davantage consommer en étant acteur, abandonnant la manière passive au profit de la manière intelligente.

Pourtant, ce constat ne suffit pas à régler l'ensemble des problèmes sur lesquels se heurte le *crowdfunding*, ne serait-ce qu'au regard du droit. S'il est une réponse en matière financière, il est juridiquement un obstacle et ce, notamment, en France. Ainsi, il convient de nous attarder sur l'état du droit français s'agissant du financement participatif pour en tirer toutes les conséquences et savoir si, à terme, il aura une véritable chance de bénéficier d'un régime qui lui soit propre. Partant du fait qu'une modification législative a eu lieu en ce domaine, nous commencerons par évoquer ce mode de financement en France dans sa confrontation avec le droit en vigueur jusqu'à l'ordonnance du 30 mai 2014 (I), puis il con-

---

10 SULLIVAN (Michael) a tenté de créer un incubateur pour vidéoblogs en 2006 mais la tentative a avorté.

11 Voir contribution publié aux présents actes du colloque.

viendra d'observer quels sont les changements et les ouvertures envisageables pour le *crowdfunding* suite à l'adoption de cette ordonnance (II).

I – LE FINANCEMENT PARTICIPATIF, OSCILLATION ENTRE ALTERNATIVE FINANCIÈRE ET OBSTACLE JURIDIQUE EN FRANCE

Bien souvent le fait précède le droit (les Anglo-saxons font leur cette maxime : « *remedies precede rights* ») et en ce domaine, le financement participatif ne fait pas exception. En effet, il a fallu attendre courant 2013 pour que les pouvoirs publics prennent acte de l'engouement[12] pour ce mode de financement et annoncent la décision de légiférer en la matière. En attendant, nous étions tenus de composer avec le système juridique en vigueur d'où certains décalages avec les contraintes existantes. Celles-ci s'appliquent alternativement en fonction des différentes formes de financement participatif qui ont cours (B). Pour bien le comprendre, c'est le monde de la finance tel que le droit l'appréhende qu'il convient d'aborder en premier lieu (A).

A – Le droit commun : monopoles et contraintes

Sans basculer entièrement dans le domaine de la finance, qui nécessite des connaissances solides et spécifiques, nous nous limiterons à agencer notre propos avec de simples constats juridiques. Il en ressortira un mo-

---

[12] Une quarantaine de plateformes existeraient en France (estimation de février 2014) ce qui nous place comme quatrième pays au monde en termes d'offres de financement participatif. En avril 2012, il y avait plus de 450 plateformes de *crowdfunding* dans le monde. Ce chiffre est passé à 536 en décembre de la même année ce qui démontre l'ampleur du phénomène que constitue le financement participatif. Source: Massolution, *The crowdfunding Industry Report 2013*, disponible en ligne sous: http://www.crowdsourcing.org/editorial/2013cf-the-*crowdfunding*-industry-report/25107.

nopole bien établi, notamment en droit bancaire (1) et d'autres limites qui sont de plusieurs ordres, et principalement administratives (2).

1) Le monopole des banques

Ce sur quoi le financement participatif achoppe *a priori*, c'est le monopole accordé aux banques quant à l'accès au crédit. En effet, cette opération implique une réglementation précise permettant aux autorités publiques d'exercer un contrôle efficient sur les établissements concernés et *in fine* de protéger au mieux et rassurer les parties à une opération de financement. L'article L.11-5 du Code monétaire et financier constitue le fondement juridique de ce monopole au profit des établissements de crédit[13]. Cette législation est d'autant plus problématique car parfois incertaine au regard de la jurisprudence, s'agissant, entre autres, de la notion d'habitude[14]. De surcroît, l'activité bancaire nécessite un agrément de l'Autorité de Contrôle Prudentiel et de Résolution, ACPR ; or, les règles afférentes sont beaucoup trop lourdes et ne s'accordent pas avec un mode de financement simple et rapide tel que le *crowdfunding*[15]. Par ailleurs, effectuer une telle activité sans autorisation entraîne des sanctions conséquentes[16]. Parmi les trois acteurs de l'opération de financement participatif, c'est la plateforme qui est plus particulièrement visée. En effet, recevoir des fonds du public en attendant de les reverser au bénéficiaire du projet relève d'une opération de banque au sens de l'article L.311-1 du Code monétaire et financier. En outre, les plateformes mettent également en place des systèmes de paiement en ligne ce

---

13 Cet article dispose: « *Il est interdit à toute personne autre qu'un établissement de crédit ou une société de financement d'effectuer des opérations de crédit à titre habituel. Il est, en outre, interdit à toute personne autre qu'un établissement de crédit de recevoir à titre habituel des fonds remboursables du public ou de fournir des services bancaires de paiement* ».

14 Dans une affaire DESIDERI, il y avait eu neuf prêts, sur une période de 9 ans. La chambre commerciale n'a pas retenu l'habitude (Cass. com., 3 déc. 2002, v. aussi CA Paris, 26 juin 1995). La chambre criminelle juge de même (Cass. crim., 5 févr. 1995).

15 Articles L.511-9 à L.511-20 du Code monétaire et financier.

16 Il y a des sanctions pénales (articles L.571-1 et suivants du Code monétaire et financier) et des sanctions disciplinaires prononcées par l'ACPR elle-même (art. L.612-41 du Code monétaire et financier).

qui correspond à une activité de service de paiement[17], elle aussi soumise au monopole des établissements de crédit et/ou des établissements de paiement. Là encore, une autorisation est obligatoire[18]. Certaines plateformes adaptent ainsi leur activité en collaborant avec des établissements de crédit ou de paiement, ces derniers jouant le rôle de teneurs de comptes[19]. Il est donc clair que le financement participatif ne trouve pas grâce aux yeux du droit bancaire.

A l'aune de ce constat, il est évident que le milieu bancaire n'est pas favorable à ce système alternatif de financement. Seul un régime dérogatoire pourrait permettre au *crowdfunding* de prospérer dans ce domaine. A cela s'ajoutent d'autres rigidités auxquelles le financement participatif peine à s'adapter.

2) Les contraintes administratives

En premier lieu, la plateforme est soumise indirectement, si elle coopère avec un établissement agréé à une obligation de conseil et de mise en garde notamment lorsque le contributeur ne connaît pas la réglementation en matière de financement ; l'hypothèse, au demeurant, n'étant pas rare. Il lui incombe de vérifier si la part contributive n'est pas disproportionnée par rapport aux ressources propres du financeur, auquel cas, la plateforme devra le déconseiller de s'engager. Les *crowdfunders* doivent également veiller à mettre en place une procédure anti-blanchiment dans la mesure où ils sont amenés à réintroduire de l'argent dans le circuit monétaire. Si l'origine des fonds découle d'un crime ou d'un délit, la plateforme est susceptible de tomber sous le coup de l'infraction de blanchiment d'argent[20]. En outre, les plateformes sont soumises à la stricte observance des règles en matière de droit de la propriété intellectuelle et

---

17 Art. L.314-1 II du Code monétaire et financier

18 Art. L.521-2 du Code monétaire et financier.

19 La seule plateforme en France qui constitue une véritable désintermédiation des acteurs traditionnels de la finance est Unilend (https://www.unilend.fr/). Celle-ci a opté pour un support juridique similaire au bon de caisse, désuet mais suffisamment souple pour permettre aux entreprises d'être financées par des particuliers via internet.

20 Art. 324-1 du Code pénal.

artistique. En effet, lorsque des idées créatives sont exposées sur la toile, celles-ci peuvent être considérées comme une œuvre de l'esprit protégée par les droits d'auteur[21], d'autant que ce droit naît par la simple création de l'œuvre[22] et non par un quelconque enregistrement, dépôt ou autorisation préalable. Enfin, le bénéficiaire est lui aussi concerné car, si celui-ci s'est organisé en société, le montant total du financement versé sera considéré comme un chiffre d'affaires assujetti éventuellement à la TVA et à des prélèvements sociaux ; à moins que la forme de financement soit le don et que ce dernier ne dépasse pas un certain seuil.

Réticences en droit bancaire, exigences multiples en matière financière, le droit français est en complet décalage avec le mouvement impulsé par la société qui consiste à recourir de manière récurrente à ce mode de financement qui associe rapidité et simplicité. Outre les limites qui sont communes à tout type de *crowdfunding*, il faut encore composer avec des dispositions s'appliquant au cas par cas.

B – Typologie du crowdfunding et application légale

Des règles spécifiques vont s'appliquer selon le modèle de financement participatif utilisé. L'Autorité des Marchés Financiers, AMF, en a recensé principalement cinq. Nous pouvons distinguer le financement à titre gratuit (1) du financement à titre onéreux (2). C'est bien évidemment le second mode de financement qui capte davantage l'attention des acteurs financiers.

1) Les dons

Nous nous permettons d'employer ici le pluriel car le *crowdfunding* appelle plusieurs formes de dons, distinction plus ou moins discutée parmi les juristes mais dont l'analyse demeure cependant intéressante. Le don ou la libéralité relève des articles 893 et suivants du Code civil. C'est une intention libérale qui suppose un appauvrissement du donateur au profit d'un tiers sans contrepartie. Les plateformes les plus connues proposant ce

---

21 Art. L.112-2 du Code de la propriété intellectuelle et artistique.
22 Art. L.111-1 du Code de la propriété intellectuelle et artistique.

mode de financement sont majoritairement étrangères (Justgiviging.com, Crowdrise.com, IndieGogo.com), ce qui semble s'expliquer par des raisons culturelles. Tandis que la France a tendance à considérer que les œuvres humanitaires ou actions solidaires relèvent de l'Etat, le mécénat et les dons sont davantage ancrés dans la culture anglo-saxonne. D'un point de vue juridique, il n'y a aucun agrément, aucune règle spécifique à respecter pour les plateformes mais il en est autrement pour le bénéficiaire. Ce dernier pourra parfois être confronté à l'administration fiscale lorsque le montant du don s'avère assez élevé. Le paradoxe réside dans le fait que le financement total peut être conséquent mais pris individuellement, les sommes données restent dérisoires. En l'absence de régime fiscal spécifique, les juristes semblent opter pour la vigilance et considérer certains montants comme un revenu ou chiffre d'affaires. L'autre forme de don qui émane du *crowdfunding* est juridiquement contestable car il implique une récompense. La première question est donc de savoir s'il s'agit de le considérer comme une libéralité. Si la contrepartie est une somme d'argent à reverser selon une échéance convenue, il s'agira d'un prêt et donc d'une activité bancaire soumise à autorisation. De même, si le bénéficiaire s'engage à restituer au financeur un produit (CD ou produits dérivés) nous serons en présence d'un contrat de vente. Lorsque le don sera quant à lui un bien et que la contrepartie en sera de même, nous ferons face à un simple contrat d'échange. Ainsi, le « prêt avec récompense » ou le « *reward-based* » n'en a que le nom et ne peut être considéré comme une libéralité au sens du Code civil. Les professionnels préconisent aux plateformes de préciser sur leur site que la restitution de la contrepartie est conditionnée par la réussite du projet. Dans le cas contraire, le « *credit-banker* » pourrait revendiquer la livraison du bien ou le remboursement du prêt ainsi que de dommages-intérêts. Mais là encore, un article du Code civil vient freiner notre élan. Dans le cas d'une rémunération en argent, le contrat devient une prestation de service entre le contributeur (prestataire) et le porteur de projet (client) soumis à l'article 1780 alinéa 4 qui dispose que « *les parties ne peuvent renoncer à l'avance au droit éventuel de demander des dommages-intérêts* ». En conséquence, il n'est pas possible de soumettre la récompense à la survenance d'un succès car, *a con-*

trario, c'est faire renoncer à toute revendication de la contrepartie du service rendu, y compris des dommages-intérêts.

Les opérations de financement à titre gratuit sont exonérées des contraintes relevées plus haut, quoique notre propos mérite d'être nuancé. Il faut observer d'une part les règles fiscales et d'autre part, tous les modes de financement à titre gratuit ne sont pas complètement dépourvus de limites (cf *infra* le prêt à titre gratuit dans le cadre de l'ordonnance du 30 mai 2014). *Quid* du financement participatif à titre onéreux ?

2) Les opérations à titre onéreux

Annoncé en amont de ce développement, les prêts à titre onéreux (ou « *peer-to-peer lending* ») sont considérés comme des opérations de banque, ce qui oblige les plateformes de *crowdfunding* à obtenir un agrément. Il en est de même pour les services de paiement qui relèvent de la compétence des établissements de paiement agréés. Pour ces raisons, les plateformes collaborent avec ces derniers pour bénéficier (indirectement) de leur autorisation et s'exonérer des contraintes inhérentes à leur obtention. Mais d'autres réglementations viennent à propos. En effet, le financement participatif, intervenant dans différents domaines, permet aussi à des porteurs de projets de créer une société, ce qui ouvre ainsi le capital aux contributeurs. Les Anglais parlent alors du « *equity based crowdfunding* ». Un tel investissement dans le capital répond aux règles de l'offre au public d'instruments financiers, ce qui suppose d'établir un prospectus conformément à l'article L.212-1 du Code monétaire et financier. C'est un obstacle supplémentaire et non des moindres. Après avoir élaboré un projet de prospectus, il convient de le soumettre au visa de l'AMF[23], ou toute autorité de l'Union européenne ou de l'Espace économique européen. Si le contenu du projet est contraignant (détailler l'offre au public ainsi que les techniques d'investissement), le visa de l'AMF est beaucoup plus susceptible d'être refusé en raison du caractère atypique de l'investissement que constitue le *crowdfunding*. Certes, le projet de prospectus n'est pas requis si le nombre d'investisseurs ne dépasse pas le con-

[23] Articles 211-1 et suivants du Règlement Général de l'AMF.

tingent de 149[24] ; mais bien entendu, en vertu de l'essence même du financement participatif qui suppose la mobilisation, par l'agrégation de petits montants individuels, d'un grand nombre de contributeurs, le seuil est rapidement atteint. Ce constat est d'autant plus navrant lorsque l'on sait que c'est dans le cadre de la création de sociétés par actions simplifiées, SAS, que ce modèle tend à se développer. On voit donc poindre toujours plus d'engouement pour la simplification, car à un mode de financement souple on associe un type de société par actions dont la création représente le meilleur gage en termes de simplicité[25]. Pourtant, le droit français et avec lui les marchés financiers demeurent plutôt circonspects face au financement participatif.

En définitive, que ce soit de manière globale ou particulière, il n'y a aucune perspective juridique en matière de développement et de promotion du financement participatif selon la loi actuellement en vigueur (*de lege lata*). Paradoxe pourtant dans une société qui témoigne d'un véritable attrait pour ce dernier. Tout l'intérêt du législateur réside dans l'adoption d'un régime qui lui soit propre. Ceci se justifie d'un point de vue national ; la France, comme de nombreux Etats européens, connaît effectivement une crise du financement. Au regard de la situation internationale également, certains pays, notamment le Royaume-Uni, sont en avance en termes de législation encadrant le *crowdfunding*. Le défi que doit donc relever la France est de rattraper le retard qui la guette pour faire en sorte que notre système juridique (*de lege ferenda*) soit le plus en adéquation possible avec les évolutions du monde financier.

II – L'ORDONNANCE DU 30 MAI 2014, LÉGISLATION D'UN NOUVEAU MODE DE FINANCEMENT

En vertu de l'article 38 de la Constitution du 4 octobre 1958 et de la loi d'habilitation du 2 janvier 2014 portant sur la simplification et la sécuri-

---

24 Articles L.411-2 II et D.411-4 du Code monétaire et financier.

25 Articles L.227-1 et suivants du Code de commerce.

sation de la vie des entreprises, le Gouvernement est intervenu, par voie d'ordonnance, pour encadrer et adapter juridiquement le *crowdfunding* au système normatif jusqu'alors en vigueur. Le rapport soumis au Président de la République permettant d'expliquer les objectifs poursuivis par l'ordonnance du 30 mai 2014 retient l'expression d' « *outil de financement complémentaire* » pour parler du financement participatif. Cette « complémentarité » reflète ainsi le parti pris par le pouvoir exécutif qui consiste à miser sur la prudence. Il ne l'a pas doté d'un régime propre mais a ouvert un interstice par la mise en œuvre de règles concernant notamment l'investissement dans le capital du porteur de projet (A) et les prêts consentis par les contributeurs à travers des plateformes de *crowdfunding* (B).

A – La consécration du « equity based Crowfunding » en droit français ?

Ce modèle de financement participatif, contrairement aux pays étrangers[26], n'a pas le vent en poupe en France du fait de la lourdeur des normes qui encadrent l'offre au public d'instruments financiers. Toute l'innovation de l'ordonnance est de créer un nouveau statut applicable aux plateformes qui proposent ce type de participation financière : le « *conseiller en investissements participatifs* » ou CIP. Si cela permet de légitimer en quelque sorte l'activité de ces intermédiaires, celle-ci demeure restreinte (1) tandis que les rigidités des marchés financiers subsistent (2).

1) Le conseiller en investissements participatifs (CIP), une activité limitée

L'article 1er de l'ordonnance du 30 mai 2014 insère un chapitre VII dans le titre IV du livre V du Code monétaire et financier intitulé : « *Les conseillers en investissements participatifs* ». Ainsi, sur le modèle du conseiller en in-

---

26 En Europe, le Royaume-Uni est le premier pays à assouplir sa législation pour permettre à de vraies plateformes d'*equity crowdfunding* d'opérer. Le mouvement est en voie de développement aux Etats-Unis, par l'initiative du Président Barack Obama qui porte actuellement le « JOBS » Act (*Jumpstart Our Business Startups Act*) afin de permettre de réaliser aux USA du *crowdfunding* en *equity*.

vestissements financiers, nous bénéficierons, à partir de son application[27], d'une définition légale du statut de CIP à travers l'article L.547-1 I dudit code. Il est destiné aux intermédiaires exerçant, à titre habituel, une activité de conseil en investissement *via* internet portant sur des offres d'actions ou d'obligations émises par des sociétés par actions. Ceci répond aux multiples revendications des utilisateurs du *crowdfunding* qui proposaient la mise en place d'un « *courtier en investissements participatifs* ». Cependant le même article définit les compétences de ces intermédiaires qui se réduisent au « *conseil en investissement* »[28] et aux « *conseils aux entreprises en matière de structure de capital, de stratégie industrielle et de questions connexes ainsi que la fourniture de conseil et de services en matière de fusions et de rachat d'entreprises* »[29]. On ne peut donc pas se réjouir à l'idée de la création d'une véritable plateforme d'*equity crowdfunding*, les activités de services de paiement leur étant par exemple strictement interdites[30]. L'ordonnance énumère également une série de conditions régissant, pour les personnes physiques, l'accès et l'exercice de cette profession[31]. On peut souligner qu'il n'y a pas de condition de fonds propres minimum, ce qui allège le statut. Néanmoins, les plateformes seront étroitement contrôlées par l'AMF et devront intégrer une association chargée du suivi de ses membres. Des règles de bonne conduite sont instaurées[32], ce qui a le mérite de clarifier les choses concernant les obligations de conseil et de mise en garde auprès de leurs clients. La force coercitive de l'article précité tire son fondement dans les sanctions que pourra prendre la commission des sanctions prévue à l'article L.621-17 du Code monétaire et financier. Par ailleurs, nous retrouvons à l'article L.547-9 *in fine* un renvoi au Règlement général de l'AMF s'agissant des conditions et des prescriptions du code

---

[27] Selon l'article 37 de l'ordonnance du 30 mai 2014, les dispositions seront applicables à partir du 1er octobre 2014 à l'exception de celles qui définissent les obligations des conseillers en investissements financiers et des intermédiaires en financement participatif lesquelles entreront en vigueur le 1er juillet 2016.

[28] Art. L.321-1 5° du Code monétaire et financier.

[29] Art. L.321-2 3° du Code monétaire et financier.

[30] Art. L.547-1 III du Code monétaire et financier.

[31] Art. L.547-3 à L.547-8 du Code monétaire et financier.

[32] Art. L.547-9 du Code monétaire et financier.

de bonne conduite. Dans l'attente de plus de précisions, nous ne pouvons qu'avancer en conjectures. Le conseiller en investissements participatifs ne peut obtenir de titres financiers ou autres fonds de ses clients que ceux destinés à rémunérer son activité[33] ce qui écarte d'emblée les conflits d'intérêts. L'ordonnance assujettit également les plateformes au paiement d'un droit fixe[34].

Par la mise en place de ce statut, le législateur s'engage à réguler ce mode de financement de fait mais reste parcimonieux quant aux compétences accordées. On reste également interdit en raison du maintien des limites sur les marchés financiers et dont les pouvoirs publics se font le chantre.

2) Des mesures attendues mais dans l'ensemble décevantes

Outre la requête concernant la création du statut de « *courtier en investissements participatifs* », le laboratoire d'idées *FinPart* avait publié en 2012un « *livre blanc* » recensant l'ensemble des contraintes qui pesaient sur les plateformes en matière d'*equity crowdfunding*. Celui-ci préconisait d'accorder à ces plateformes des prérogatives de traçabilité des comptes et de maintien de la cohérence du compte commun. Toutefois, comme on vient de le détailler précédemment, ces pouvoirs n'ont pas été octroyés aux conseillers en investissements participatifs. Courant 2013, lors de la rencontre des acteurs du financement participatif et de l'ancienne ministre des PME et de l'Economie numérique, Fleur Pellerin, cette dernière avait précisé les mesures qui étaient envisagées par le Gouvernement. Les contraintes pesant sur les *crowdfunders* n'ont cependant été ni réduites ni véritablement assouplies en ce domaine, d'autant que les financeurs, bien que misant de petites sommes, sont encore considérés au même titre que les gros investisseurs, ce qui rend le financement participatif risqué et la législation inadaptée à la logique qui lui est inhérente. Enfin, lorsque le *crowdfunding* est utilisé pour instituer une société par actions simplifiée, SAS, l'ordonnance prévoit[35] la création d'une nouvelle disposition à introduire dans le Code de commerce qui augmente les contraintes des

---

33 Art. L.547-6 du Code monétaire et financier.

34 Art. L.621-5-3 du Code monétaire et financier.

35 Cf. art. 14 de l'ordonnance du 30 mai 2014.

associés en matière d'assemblée générale des actionnaires. C'est une nouvelle limite imposée à la grande liberté pourtant accordée aux rédacteurs des statuts pour régir la vie sociale de la SAS[36], ce qui conséquemment, rend l'ensemble peu attrayant. Satisfaisante, mais en demi-teinte seulement, l'ordonnance exempte les plateformes d'une publication d'un prospectus à condition de respecter un seuil qui nous est inconnu pour l'instant car elle renvoie à un décret ultérieur. Le montant d'un million d'euros avait été annoncé par Fleur Pellerin en janvier 2014[37]. Cette exemption requiert également la fourniture d'une information minimale quant à l'opération réalisée.

Sur la prise de participation directe ou indirecte dans le capital social *via* le financement participatif, l'ordonnance n'a pas bouleversé la législation en place. Le statut de CIP démontre la volonté du législateur de laisser une place au *crowdfunding* en droit français, mais celle-ci est bien trop étroite au regard de son activité et des conditions de son exercice pour le laisser s'épanouir pleinement. Les marchés financiers demeurent intransigeants, le législateur se montre rigoriste et les acteurs financiers sont frustrés. Analysons à présent quelles sont les mesures qui ont été prises au sujet du monopole bancaire.

B – Quelle(s) nouveauté(s) en matière de prêt ?

Pour le prêt, l'ordonnance a aussi cherché à accorder un statut aux plateformes de *crowdfunding* qui le proposaient. Elle leur consacre pour cela un statut mais tout l'intérêt fut d'adapter cette désintermédiation (1) avec le monopole bancaire existant (2).

---

36 L'article L.227-2-1 du Code de commerce disposera : *« Par dérogation aux articles L.227-1 et L.227-9, lorsqu'une société par actions simplifiée procède à une offre définie au I bis de l'article L.411-2 du Code monétaire et financier:*
« 1° Les articles L.225-122 à L.225-125 sont applicables;
« 2° Les articles L.225-96 à L.225-98 sont applicables;
« 3° Le troisième alinéa de l'article L.225-105 est applicable;
« 4° La convocation des associés est faite dans les formes et délais fixés par décret en Conseil d'Etat. Toute assemblée irrégulièrement convoquée peut être annulée. Toutefois, l'action en nullité n'est pas recevable lorsque tous les actionnaires étaient présents ou représentés ».

37 Seuil qui répondait aux revendications de *FinPart.*

1) Les intermédiaires en financement participatif, IFP, un statut plus étoffé

A l'instar du conseiller en investissements participatifs, l'ordonnance crée un statut spécifique au *crowdfunder* en matière de don et de prêt : « *l'intermédiaire en financement participatif* ». Il s'agit d'une personne morale qui, à titre habituel et *via* une plateforme internet, met en relation des porteurs de projets et des investisseurs en vue de réaliser une opération de prêt, avec ou sans intérêts, ou encore de don. Ces IFP pourront proposer à des particuliers de contribuer au financement de projets professionnels ou de besoins de formation, ainsi que mettre en relation des prêteurs et des emprunteurs sans contrainte de plafond, lorsque ces contrats ne constituent pas des crédits à la consommation[38]. La définition légale se trouvera désormais à l'article L.548-1 du Code monétaire et financier. Ici aussi, le statut est plutôt souple. Un minimum de fonds propres n'est pas requis, des conditions d'honorabilité et professionnelles devront être remplies s'agissant des personnes physiques pour exercer la profession d'IFP. Un contrat d'assurance devra être souscrit au même titre d'ailleurs que le CIP. L'ordonnance envisage également des règles de bonne conduite et l'assujettissement à des obligations de conseil et de mise en garde. Dans ce cadre, la générosité de l'ordonnance est plus tangible puisque l'IFP aura accès au Fichier Bancaire des Entreprises, FIBEN, tenu par la Banque de France afin de vérifier la solidité des entreprises porteuses de projet sur la plateforme[39]. L'ACPR exercera bien évidemment un contrôle sur l'activité des plateformes, avec le concours de la Banque de France, ce qui implique le paiement d'une redevance. La Direction générale de la concurrence, de la consommation et de la répression des fraudes y sera également associée. En ce qui concerne le bénéficiaire du prêt, ce dernier engage sa responsabilité s'il communique des informations erronées ou susceptibles d'induire la plateforme en erreur. Il n'y a toutefois pas de précisions supplémentaires pour le crowdpreneur du don au niveau fiscal. Doit-il considérer ces fonds comme un revenu

[38] Art. L.548-1 du Code monétaire et financier.
[39] Art. 18 de l'ordonnance du 30 mai 2014.

ou chiffre d'affaires soumis à la TVA ? Il semblerait qu'il faille s'en tenir à régime non modifié, c'est-à-dire assez compliqué et par là même incertain.

Les plateformes dont l'activité tourne autour de l'accès au crédit par le biais du prêt bénéficient, certes, d'un statut, mais ont-elles obtenus des prérogatives substantielles grâce, entre autres, à l'instauration d'un régime dérogatoire au monopole bancaire ?

2) Véritable régime dérogatoire au monopole des banques ?

C'est vraisemblablement sur ce point que l'ordonnance est novatrice. En effet, le monopole des banques en matière d'octroi de prêts ne souffrait d'aucune exception concernant exclusivement au financement participatif. La loi en disposera désormais autrement, mais sous certaines conditions. En premier lieu, nous pouvons rappeler que le *crowdfunding* sous forme de don ne requiert pas l'agrément (cf. *supra*), car c'est une opération à titre gratuit. L'ordonnance consacre cette assertion en laissant la liberté, aux plateformes qui s'y exercent, d'opter pour le statut d'IFP[40]. En revanche, il n'en est pas de même pour le prêt à titre gratuit (ou encore prêt solidaire) qui n'était pas considéré comme une opération bancaire selon l'AMF[41], mais qui entre à présent dans le sillon des activités de l'IFP[42] si ces dernières sont exercées à titre habituel et dans le sens de l'article L.548-1 du Code monétaire et financier. Par le fait qu'il soit érigé en activité dérogeant au monopole bancaire, on peut penser que la loi reconnaît implicitement le prêt sans intérêt comme s'apparentant à une opération de banque, ce qui représente une innovation (ou un recul ?). En outre, la dérogation au monopole bancaire en matière de crédit suppose des conditions multiples qui s'appliquent notamment au financeur et seront prévues au 7° de l'article L.511-6 du Code monétaire et finan-

40 Art. L.548-2 II du Code monétaire et financier.

41 Position commune de l'AMF et de l'ACPR publiée le 14 mai 2013 (page 4), disponible en ligne sous: http://acpr.banque-france.fr/fileadmin/user_upload/acp/Communication/Communiques%20de%20presse/20130514-guide-professionnel-*crowdfunding*.pdf.

42 Art. L.548-2 I du Code monétaire et financier.

cier. Le contributeur qui consentira le prêt devra obligatoirement être une personne physique. De surcroît, il ne devra pas agir dans le cadre d'une activité professionnelle ou commerciale. Il y a également une limite au nombre de prêts à accorder, puisque seul un prêt par projet est possible ; sans oublier que le tout doit s'effectuer dans le cadre de l'article L.548-1 du Code monétaire et financier (il faut avoir affaire à un IFP régulier). Enfin, un décret devra fixer le taux du crédit tout en observant la prohibition de l'usure[43], ce qui semble aller de soi. On voit donc que la loi n'ouvre pas facilement la porte au financement participatif lorsqu'il s'agit d'accorder du crédit. Les plateformes seront aussi habilitées à procéder à des transferts de fonds sous réserve de l'obtention d'un agrément, qui comme l'indique l'ordonnance, ne sera que limité[44]. L'ACPR en marge de la rencontre organisée avec la ministre des PME et de l'Economie numérique, avait rappelé que les plateformes devront encore obtenir un agrément ou collaborer avec un établissement titulaire d'une autorisation pour pratiquer de telles activités. Par conséquent, l'espoir s'est très vite étiolé puisqu'on sait que l'ordonnance a été élaborée à l'appui de rapports rendus justement par l'ACPR et par l'AMF. Sans être un *statu quo*, les concessions restent malgré tout bien maigres.

Ainsi, la recrudescence du financement participatif à l'échelle mondiale nous pousse à repenser l'économie. La France, en particulier, a légiféré en la matière parce que notre système juridique n'était pas adapté à un mode de financement revigoré par l'influence d'internet. Cet outil de technologie est séduisant parce qu'il allie simplicité, rapidité et transparence. De par son ubiquité, il est à la portée de tous. Quelque peu dédaigné par le droit jusqu'à maintenant, le *crowdfunding* fait son entrée par la petite porte sur les marchés financiers et bancaires. Il est vrai qu'il n'est pas aisé de bouleverser du jour au lendemain les rouages de la finance : on en veut pour preuve le retard des pouvoirs publics quant à l'adoption de l'ordonnance. Pourtant les faits sont là et ils n'attendaient plus qu'à être appréhendés par le droit. Cela rend légitime cette alternative au financement traditionnel, la régularise et protège davantage ses utilisateurs.

---

[43] Article L.313-3 du Code de la consommation (loi du 28 décembre 1966).

[44] Article 16 de l'ordonnance du 30 mai 2014.

C'est aussi l'occasion de faire valoir notre compétitivité sur le marché européen où les premiers Etats membres à faire preuve de lucidité en la matière obtiendront la plus grosse part. Envers le droit européen, qui bien souvent se contente de consacrer légalement les expériences que font les membres de l'Union, c'est un gain de temps, son plus gros problème lorsqu'il en manque, et le nôtre en cas d'inertie. Si nous attendons des mesures à ce niveau, nous risquons de passer à côté de la réalité que vivent nos acteurs financiers. En effet, le point faible des directives européennes est qu'il faut beaucoup de temps pour les négocier, puis pour les transposer, et enfin pour les appliquer, sans oublier les litiges qui peuvent en découler, ce qui repousse davantage leur application. Nous comptons tout de même sur les organes européens qui annoncent certaines mesures pour 2015. En attendant, inscrivons-nous parmi les pionniers dans ce mouvement. Même si tout n'est pas solutionné et si les décrets d'application doivent encore être pris en France, façonnons l'économie de demain au sein d'une communauté paneuropéenne capable de supporter des projets plus nombreux et plus ambitieux.

Le financement participatif ou Crowdfunding, quel régime juridique pour cette opportunité économique ? Etude des modèles français et allemands

Arthur ROUSSIA[1]

[1] Mémoire ayant obtenu la meilleure note, Promotion 2013/2014 M2 Droit des affaires transfrontières, Université de Lorraine et Université de Trèves.

Le *crowdfunding* ou financement participatif consiste en la recherche d'un grand nombre d'investisseurs (initialement de l'anglais *the crowd* - la foule, littéralement « le financement par la foule ») qui financent via une plateforme internet dédiée, par de faibles montants cumulés et additionnés, un projet particulier.

Ces projets ont, dans un premier temps, concerné le financement de voyages à caractère humanitaire, de créations d'associations à but non lucratif ; ils ont également pris la forme de mécénats artistiques afin de financer des chanteurs ne trouvant pas de maison de production par exemple, leurs permettant ainsi de réaliser la maquette de leur CD, ou encore de financer le tournage et la production de courts métrages indépendants[2]. En 2012, le marché mondial du *crowdfunding* représentait 2,7 milliards de dollars, répartis ainsi : les arts à 27,7 % ; les causes sociales et humanitaires à 27,4%, le milieu des affaires et entrepreneurial à 16,9 % et enfin le domaine énergétique et environnemental à 5,9 %[3]. Cette répartition s'explique par le financement très local de ce type de projets, permettant aux investisseurs de créer via la plateforme de *crowdfunding* une relation quasi « personnelle » avec le porteur du projet, ce qui conditionne la forte présence des causes sociales et projets humanitaires dans le financement participatif.

Le rapport Massolutions de 2013 sur le *crowdfunding* précise que le financement participatif représente des investissements à hauteur de 5,1 milliards de dollars pour l'année 2013, figurant une hausse de presque 100 % des sommes engagées sur un an, particulièrement dans le milieu entrepreneurial et le financement de petites et moyennes entreprises,PME, et de sociétés en devenir, les « start-up ». Ainsi, la banque J.P. Morgan et le Global Impact Investing Network, GIIN, ont publié un rapport sur l'évolution potentielle du *crowdfunding* et celui-ci devrait représenter un montant avoisinant les 1000 milliards de dollars à l'échelle mondiale pour

---

[2] JANSEN (Jean David) et PFEIFLE (Theresa), « Rechtliche Probleme des *Crowdfundings* », Zeitschrift für Wirtschaftsrecht (ZIP) 38/2012, p. 1842.

[3] Rapport Massolutions 2013, disponible en ligne sous: http://research.crowdsourcing.org/2013cf-*crowdfunding*-industry-report.

2020[4]. C'est pourquoi les Etats ont été contraints de s'intéresser à la question et au régime à appliquer au financement participatif, car ce marché en plein essor pourrait à moyen terme concurrencer des activités réglementées dont les intérêts seront mis en concurrence. Comme le précise Myriam Roussille[5], le *crowdfunding* a cette tendance à se développer « en marge du système bancaire et financier traditionnel et c'est bien ce qui pose problème ».

Cette technique de financement, directement importée des Etats-Unis suite au succès fulgurant que cette méthode représente, se heurte en Europe à une méconnaissance du système et, partant, au manque de législation à son sujet. En effet, l'utilisation à but économique et lucratif du *crowdfunding* n'est pas originelle et naturelle ; elle oblige les autorités à réfléchir à la place à donner au financement participatif dans une économie de marché ultra-réglementée, sclérosée et particulièrement peu encline à porter de nouveaux projets depuis les crises successives des *sub-primes* et des dettes souveraines de ces dernières années. C'est ce qu'on appelle le « déficit de financement ». Le financement participatif poursuit ce but clair de « reconnecter l'offre et la demande »[6]. Les banques ne finançant plus les start-up le *crowdfunding* est né de cette situation dans laquelle les entrepreneurs et porteurs de projet avaient besoin de trouver des modes de financement alternatifs. Les projets des entrepreneurs sont considérés comme trop risqués par les banques, ne sont pas de taille et d'une ambition suffisante pour les fournisseurs privés de capital-risque (*Private Equity Funds*, *Venture Capital Funds*) et paradoxalement pourtant trop importants pour être financés par le cercle familial et social du « futur entre-

---

4 Rapport J.P. Morgan & GIIN 2013, « Perspectives on Progress - the impact investor survey » disponible en ligne sous: http://www.thegiin.org/cgibin/iowa/resources/research/489.html.

5 ROUSILLE (Myriam), « 3 Question : Le *Crowdfunding* » in Juris-Classeur périodique édition Entreprise et Affaires (JCP E), n°37, 12 septembre 2013, p. 2195.

6 FORNER-ORDIONI (Elsa), « *Crowdfunding* : l'important, c'est de participer ! » in Juris-Classeur périodique édition Générale (JCP G) n°48, 25 novembre 2013, 1261 p. 7-8.

preneur »[7]. De plus, le « plébiscite » créé sur internet en vue de financer une entreprise permet à celle-ci de cerner la présence ou non d'un marché pour son activité, et ainsi, c'est la viabilité même de l'activité de l'entreprise qui est évaluée. En effet, si l'entreprise ne trouve pas d'investisseurs pour participer à sa création, ni d'investisseurs qui croient en son projet, souhaitant investir et voir le projet se réaliser, alors il n'est que peu probable que cette entreprise ait un succès commercial à l'avenir. Le *crowdfunding* fait donc également office d'outil d'étude de marché et de marketing[8].

Mais si le financement participatif présente de nombreux avantages en tant que méthode de financement alternative, comme démontré ci-dessus, son caractère novateur et récent - sur le territoire européen tout au moins – conduit à un manque flagrant de régulation jusqu'à cette année, qui pose de nombreuses questions tant en droit des sociétés, que dans le cadre de la réglementation applicable et de la protection des investisseurs. En effet, il sera intéressant de s'intéresser successivement au plusieurs niveaux et entités concernés par le *crowdfunding*, à savoir le porteur de projet, la plateforme internet et enfin l'investisseur qui fournit les fonds nécessaires à la réalisation du projet.

Bien conscients de ces soucis de financement, les législateurs nationaux tentent de trouver une solution pour engendrer cette croissance si importante aujourd'hui pour réduire les dettes souveraines nationales et le chômage qui minent l'économie mondiale. C'est ainsi que des programmes de financement sont mis à l'œuvre par les Etats, tels que la Banque Publique d'Investissement en France, créée le 31 décembre 2012, ou le Mikrokreditfonds Deutschland en Allemagne, créé en 2000 et réformé en 2009 pour revêtir sa forme actuelle.

---

7 KLÖHN (Lars) et HORNUF (Lars), « *Crowdinvesting* in Deutschland » in Zeitschrift für Bankrecht und Bankwirtschaft (ZBB) 2012, p. 238.

8 Communication de la Commission au Parlement Européen, au Conseil, au Comité économique et social européen et au Comité des régions – Libérer le potentiel du financement participatif dans l'Union Européenne, disponible en ligne sous:
http://ec.europa.eu/internal_market/finances/docs/*crowdfunding*/140327-communication_fr.pdf.

L'Europe aussi s'intéresse au financement participatif à échelle communautaire et incite les Etats membres à prendre position rapidement en matière de *crowdfunding* afin de « libérer le potentiel du financement participatif dans l'Union européenne »[9], puisqu'il représente la réalisation de 500.000 projets par an à l'échelle européenne[10]. Mais malgré ces initiatives volontaristes, il demeure évident que les financements d'origine publique restent soumis à la problématique pour les Etats de réduire leurs dettes et dès lors de ne pas pouvoir investir de sommes plus importantes dans l'économie des PME. C'est pourquoi le *crowdfunding* pourrait ici trouver toute sa place dans le domaine du financement de ces entreprises de taille limitée. C'est bien ce critère de taille qui a été retenu par l'Union européenne, en souhaitant adapter le financement des « grandes entreprises » aux plus petites, alors que pendant ce temps les Etats-Unis ont visé les entreprises « jeunes » dans le *Jumpstart Our Business Startups Act*[11], JOBS Act[12]. La direction européenne choisie ne correspond donc pas à celle des Etats-Unis d'Amérique; il semblerait que les législateurs européens aient choisi de fonder un *crowdfunding* « à l'européenne » pour mieux se différencier.

Ainsi, le gouvernement français a par exemple décidé de s'intéresser à ce sujet afin de faire de la France un leader en la matière, pendant que l'Allemagne adopte une position plus proche de la qualité de « spectateur », afin d'observer si le *crowdfunding* ne saurait pas s'autoréguler, et surtout, observer les défauts et faiblesses du système.

Par conséquent, il est intéressant de s'intéresser aux obligations que les législateurs vont faire peser sur les plateformes de financement participatif, liées à la protection des investisseurs-consommateurs et à la régle-

---

[9] Communication de la Commission au Parlement Européen, ibid.

[10] Communication de la Commission au Parlement Européen, ibid.

[11] 112th Congress of the United States of America at the second session, Government Printing Office USA, disponible en ligne sous: http://www.gpo.gov/fdsys/pkg/BILLS-112hr3606enr/pdf/BILLS-112hr3606enr.pdf.

[12] KLÖHN (Lars) et HORNUF (Lars), «*Crowdinvesting* in Deutschland », op. cit. p. 239.

mentation structurelle et institutionnelle incombant aux plateformes en fonction de leurs activités.

Dès lors, il convient d'observer les différents types de financement participatif qui existent actuellement, d'étudier par voie de conséquence les réglementations y applicables, définies selon les régimes juridiques des diverses sources de levée de fonds, et enfin de dépasser le cadre réglementaire pour observer les garanties fournies aux investisseurs, ainsi que la protection qui leur sera réservée.

La question principale aujourd'hui est de savoir si les solutions apportées - ou non !- à ce jour par les législateurs européens et plus précisément français et allemands prennent et mesurent l'ampleur de l'impact économique qu'est amené à représenter le *crowdfunding*, à savoir 1000 milliards de dollars en 2020 à travers le monde. Ainsi, il nous incombe d'étudier si les régulateurs susmentionnés ont souhaité fournir au financement participatif un cadre dans lequel il pourra se développer, permettant aux plateformes de s'épanouir et de créer richesses et croissance ; ou plutôt lui poser des barrières afin qu'il ne rentre pas en collision avec les sources classiques de financement, dont la législation évolue et a tendance à s'alourdir ces dernières années, dans un but de protection du consommateur. Celles-ci souhaitent également et de manière significative que leurs monopoles acquis soient conservés et voient d'un mauvais œil cette technique moderne de financement dont la nature varie, mais dont les clients potentiels peuvent être communs. Ainsi, l'étude de la forme (**I**) que prend le financement participatif, de la réglementation qui lui est appliquée en conséquence (**II**) permettra de comprendre quelles dispositions de protection ont été mises en place au profit des investisseurs (**III**) de ce financement « 2.0 ».

I – NATURE DU FINANCEMENT PARTICIPATIF

Afin de comprendre les enjeux liés à la nécessité d'une législation concernant le *crowdfunding*, il convient tout particulièrement de s'intéresser dans un premier temps à ses différentes natures et formes. Sans être *ipso facto* un classement chronologique, la présentation ci-dessous des modèles de fonctionnement des plateformes de financement participatif retrace une évolution dans la méthode utilisée par ces plateformes afin d'attirer des investisseurs.

A – Modèles de financement de droit commun

Il faut, pour comprendre l'essence du *crowdfunding*, s'intéresser aux modèles classiques de financement qui ont été utilisés à la naissance de ce moyen de levée de fonds et qui sont aujourd'hui toujours utilisés. En effet, chaque plateforme choisit et détermine le ou les mode(s) de financement qu'elle souhaite mettre en œuvre, et chacun d'entre eux doit attirer l'attention des observateurs et en particulier des législateurs dans la recherche d'un cadre juridique à lui (leur) appliquer.

1) Don et Prévente

Le don a été le premier mode de financement participatif utilisé à grande échelle.

Le but recherché est très simple, les porteurs de projets à vocation plutôt artistique et humanitaire, qui représentent pour rappel plus de 55% du marché du *crowdfunding*, soumettent aux internautes leurs projets, de production de CD, financement de voyages ou d'associations à caractère humanitaire telles que les banques alimentaires ou foyers sociaux, et les internautes « investisseurs » choisissent par bienveillance de participer à la création de projets, souvent géographiquement proches, et à leur soutien financier.

Ainsi, comme tout un chacun est appelé à être démarché dans la rue par des organismes tels que le Sidaction ou l'Unicef afin de participer au financement de ces associations, le *crowdfunding* permet de toucher via internet un panel plus large de donateurs prêts à faire preuve de charité et réaliser une bonne action.

C'est cette recherche de financements à titre gratuit qui a porté les premiers projets de financement participatif à son origine. Des artistes connus en France ont par exemple été financés par des plateformes telles que MyMajorCompany (qui a financé des chanteurs comme Grégoire ou bien Irma), ou encore KissKissBankBank.

Le principe est simple, l'investisseur qui croit en l'artiste et en son projet, peut le soutenir en effectuant un don de modeste envergure. L'addition des faibles dons en provenance des nombreuses âmes charitables permet alors à l'artiste de récolter une somme suffisante pour se produire.

C'est par le biais de ce type de financement que le système de la « prévente » a été créé. En effet, afin d'attirer et de fidéliser d'éventuels fans, les plateformes ont aujourd'hui une approche commerciale de l'investissement. Elles proposent bien souvent un *reward*, un « cadeau », à celui qui apporte des fonds. La nature de ce cadeau dépend du montant alloué au projet, et ainsi, le petit donateur est amené à recevoir, en cas de succès final du financement, un *reward*, tel que le CD de l'artiste, ou, pour les plus gros donateurs, des places de concert, un entretien personnel avec l'artiste ou toute autre forme de remerciement à caractère commercial. Le point sensible ici est la volonté pour le donateur de ne pas rechercher un gain pécuniaire, mais plutôt une satisfaction personnelle d'avoir soutenu une personne en manque de financement pour son projet. Le cadeau que reçoit le donateur n'est que de nature à l'intéresser, à l'attirer, mais certainement pas à lui fournir un retour financier vis-à-vis de l'argent mis en jeu.

L'intérêt particulier de cette forme participative de réalisation d'un projet se mesure plus dans la quête d'une satisfaction personnelle tirée du caractère philanthropique du projet, que dans la recherche d'un enrichissement. Cet échange est soumis aux dispositions classiques du Code civil, articles 1702 à 1707. Ainsi, les parties ne s'obligent qu'à la réalisation de la prestation principale, à savoir le don « d'une chose pour un autre », Art. 1702 c.civ. En pratique, cet échange sera soumis à la réalisation de conditions, telles que l'atteinte de l'objectif de financement, ou le montant du don réalisé par le donateur etc., ceci ayant pour but de réduire l'obligation du porteur du projet soumis au financement ; en effet, si celui-ci échoue, il ne saurait être attendu du porteur de projet qu'il remplisse son obligation de don de la chose prévue. En pratique, il convient d'ignorer les problèmes qui pourraient être liés à ce modèle de don financier en échange d'un cadeau, puisque le donateur ne poursuit pas un but lucratif et pécuniaire, mais simplement une volonté de soutien en échange d'une gratification morale dans un premier temps, et éventuellement d'un *goodies* au terme de l'avancement du projet.

Notons tout de même la possibilité, pour certains dons, d'être déduits des impôts, tant en France qu'en Allemagne.

Ainsi, l'article 200 du Code général des impôts, CGI, prévoit l'ouverture à déduction à hauteur de 66 % des dons effectués à (i) des fondations ou associations reconnues d'utilité publique, (ii) aux œuvres ou organismes d'intérêt général, (iii) à des associations culturelles ou de bienfaisance, etc... L'exercice du droit à déduction est très encadré et limité notamment à un maximum de 20 % du revenu imposable. Ce droit est limité tant par la nature du destinataire du don, que par le montant même de ce don, et enfin, par l'imposition personnelle du donateur.

Le point essentiel ouvrant droit à l'exercice de cette déduction est la reconnaissance des caractères « d'utilité publique », « d'intérêt général », de « bienfaisance » des destinataires des sommes alloués. On peut donc ici intimement lier le *crowdfunding* et sa volonté philanthropique de soutien aux porteurs de projets, à la volonté française de soutenir le financement des associations caritatives par exemple. La déduction de ce don est également soumise à l'absence de contrepartie significative, seule la récompense par un « menu bien », dont la valeur n'excède pas le quart du don et pour un montant maximum de 65 euros par an, peut être allouée.

Le modèle allemand répond strictement au modèle français, en ce que les paragraphes 51 et 52 I de l'*Abgabenordnung*, AO, ordonnance générale des impôts, prévoient eux aussi la déductibilité de ce don sous certaines conditions. En effet, la notion de « *gemeinnützige Zwecke* », correspondant à la notion française d'intérêt général, est une condition *sine qua non* quant à la déduction fiscale. Les organismes visés, tout comme en France, sont le mécénat artistique, *Kunst und Kultur*, § 52 II 5, les associations caritatives *Wohlfahrtspflege* § 52 II 9, etc.. En conséquence, le *Schenkungsmodell* allemand est bien le reflet du modèle basé sur le don français, ou le *donation model* anglo-américain. Le simple don étant souvent peu attractif, il est accompagné d'un cadeau, d'une compensation, qui ne sauraient être considérés comme une contrepartie au point de vue fiscal afin de conserver son attrait.

Ainsi, la récompense par le biais d'un CD, d'une place de concert, de *goodies* (stylos, badges à l'effigie de l'association …) répond à cette absence de contrepartie au sens fiscal , et c'est ce système que l'on nomme « *reward based crowdfunding* », confondu et combiné avec le système de la prévente, terme sémantiquement mal choisi et fallacieux, en ce que le don versé ne correspond pas forcément à la valeur de l'objet de remerciement et ne peut donc pas être considéré comme une vente, d'autant plus que les parties ne s'entendent pas sur une vente en soi, mais plutôt sur la présence d'un don en retour du don initial.

Les allemands distinguent ici le *Schenkungsmodell* (don), du *Belohnungsmodell* (*reward based crowdfunding*) et du *Subskriptionsmodell* (*pre-purchase model* - prévente)[13]. Cette distinction existe bien évidemment aussi concernant les modes de financement en France, mais elle n'a que peu d'impact sur l'étude du *crowdfunding*, de par la proximité économique des trois modèles.

En effet, la pratique veut que les modèles du *reward* et de la prévente soient confondus, en ce qu'économiquement, le cadeau en retour d'un don ou l'achat d'un produit dont la réalisation est incertaine ne se distinguent que peu. Juridiquement, les fondements divergent et se dissocient quant aux droits et obligations des parties prenantes (ce n'est ici pas le sujet, cf. III).

Dans tous les cas, il est important de noter que ce modèle ne fait l'objet que de remerciements en nature, non conditionnés par la réussite commerciale du projet, mais seulement par la volonté de l'artiste ou de l'association caritative d'inciter aux dons.

Ce système est à resituer à sa juste place, c'est-à-dire une position marginale dans les systèmes de financement, puisque les investisseurs classiques, eux, ne recherchent pas simplement la présence d'un retour gracieux sur leur mise, mais plutôt un retour financier. Dès lors, la place réservée aux dons dans l'évolution future du *crowdfunding* est à relativiser, il

---

13 KLÖHN (Lars) et HORNUF (Lars), ibid.

ne semble que peu probable que ce soit cette partie particulière du financement participatif qui voie sa dimension augmenter.

En outre, sa construction juridique ne représente pas une cause d'intérêts particuliers, en ce que le don ne rentre en collision qu'avec peu de réglementations en vigueurs, si ce n'est un problème lié à la transmission des fonds (cf. infra II.b).

Un autre modèle de financement « philanthropique » existe lui aussi, c'est celui du prêt à titre gratuit.

2) Prêt non rémunéré

Le prêt non rémunéré ne constitue pas non plus une notion juridique trop compliquée et ne pose pas de problèmes particuliers à identifier.

En effet, bien qu'il se distingue du modèle du don observé auparavant, le modèle du prêt non rémunéré, *crowdlending* – ou *Leihmodell*, consiste également en l'octroi de fonds à titre gratuit. En conséquence, le prêteur ne souhaite pas être rémunéré pour l'argent qu'il met à disposition, il souhaite simplement récupérer, à terme plus ou moins long, sa mise de départ. Tout comme l'on peut l'observer pour un prêt entre amis, l'attrait de ce modèle n'est donc pas pécuniaire, mais aussi caritatif. L'argent mis à disposition prend alors la forme d'une créance, et le porteur du projet s'engage en principe à restituer cette somme une fois le projet en fonctionnement. Evidemment, l'octroi de ce prêt rentre dans le cadre contractuel, et les parties sont libres de déterminer les conditions de remboursement de ce prêt, en marge des règles classiques qui gouvernent ce modèle de financement. Les dispositions du Code civil aux articles 1892 à 1904 trouvent alors application. En droit allemand, les paragraphes 598 et s. du BGB sont applicables.

Les obligations des parties feront l'objet d'une étude, afin de déterminer les protections offertes aux investisseurs (cf. infra III)

Il est dès lors loisible au porteur de projet, de soumettre le remboursement des sommes engagées par le prêteur via des plateformes de financement participatif telles BabyLoan ou Hellomerci en France, à la réalisation de telle ou telle condition d'ordre économique, telle que la réalisation d'un bénéfice supérieur à un montant prédéterminé par exemple. Ce remboursement peut également être soumis à des conditions concernant les termes et échéances du remboursement, soit par rentes à intervalles déterminés, ou encore en capital via un versement unique, après l'écoulement d'un laps de temps prévu à l'avance dans le contrat de prêt ou la réalisation d'une condition prévue dans le contrat. La liberté contractuelle, ou « *Privatautonomie* » à l'allemande, rend possible pour les parties de fixer elles-mêmes les conditions d'octroi, de remboursement, de durée (etc.) à donner au prêt.

Cette méthode de financement est aujourd'hui à considérer comme plus ou moins marginale. En effet, il semblerait que les porteurs de projet préfèrent offrir un petit cadeau en remerciement au donateur initial plutôt que de s'astreindre à toute restitution en capital des sommes prêtées. La nature et le but même du *crowdfunding* justifient cet engouement plus certain pour le don récompensé, plutôt que pour la simple restitution de la somme d'argent prêtée. La quête plus ou moins morale de la destination de l'argent occupe une place plutôt maigre réservée à ce type de financement trop peu intéressant pour chacune des parties. En effet, le fournisseur de fonds ne tire pas de satisfaction particulière outre celle d'avoir initialement soutenu un projet entrepreneurial, et l'entrepreneur concerné se doit, lui, de restituer cette somme d'argent selon un échéancier plus ou moins souple.

Les avantages de cette méthode semblent dès lors, dans la constellation actuelle relative au *crowdlending*, plutôt maigres.

Ainsi, les deux modèles à « titre gratuit » de droit commun étudiés correspondent parfaitement au public visé par le *crowdfunding* dans ses prémices, c'est-à-dire un public de donateurs généreux, ne recherchant pas un intérêt mercantile, et simplement motivés par le soutien à apporter à des causes ou des projets d'ordre moral, artistique, caritatif...

La nature même des projets, qui ne se veulent pas d'ordre économique, pousse tout un chacun à penser que la création législative à ce sujet se doit de rester somme toute faible, si ce n'est immobile. En effet, ni les enjeux économiques, ni le fonctionnement juridique de ces modes de financement ne présentent d'intérêts sérieux pour les Etats, et dès lors, afin de conserver l'aspect philanthropique et intuitif du financement de ces projets humanitaires et caritatifs, il conviendrait de laisser inchangée la législation de droit commun relative au don et au prêt d'argent à titre gratuit.

Pour autant, l'intérêt nouveau d'un public d'investisseurs pour le financement participatif sous forme d'investissements rentables et lucratifs est à considérer avec plus de précision, en ce que celui-ci est appelé à représenter un flux de sommes importantes à destination de projets clairement commerciaux et dont les buts sont l'investissement et la création de richesses.

L'essor nouveau du *crowdinvesting* est lié à la volonté des petits épargnants/investisseurs de placer leur argent dans « l'économie réelle », de voir leurs placements détenir une fonction concrète et utile permettant de financer de petits projets - contrairement aux institutions bancaires classiques - et ayant un attrait de rentabilité certes faible mais plus réel. Ainsi, ils préfèrent prêter, même à titre gratuit, leurs économies à une entreprise en devenir qui va créer de l'emploi, de la richesse, de la croissance. En effet, la crise de confiance des épargnants vis-à-vis de leurs banques incitent les ménages à ne plus placer leur argent en banque, sans connaître son devenir ni l'utilisation qui en sera faite, mais plutôt de l'investir dans l'économie dite réelle et directe.

C'est ce levier, cette relation directe entre l'épargnant et le porteur de projet, qui est recherché par le système du *crowdfunding*. Comme évoqué auparavant, le but est bien de « reconnecter l'offre et la demande »[14]. La difficulté pour les start-up de trouver des financements adéquats à leur taille et ambition peut trouver une solution certaine par l'usage de plateformes internet de financement participatif.

B – Modèles de droit des affaires

Il convient également de s'intéresser de plus près à des systèmes de financements rémunérateurs pour l'investisseur qui souhaite, par le biais

---

[14] FORNER-ORDIONI (Elsa), « *Crowdfunding*: l'important, c'est de participer! », op. cit., p. 7-8.

du financement participatif, placer son argent dans une économie lucrative et génératrice de ressources.

Ainsi les possibilités pour celui qui apporte les fonds se résument à l'octroi d'un prêt avec intérêts ou bien de la prise de participation ou souscription à des instruments financiers émis par une société. Ce type de financement n'existait pas à l'origine dans les formes classiques de *crowdfunding/crowdraising*, on pourrait parler d'un financement participatif *sui generis*, créé et conditionné par le marché et les conditions de marché susmentionnées.

1) Prêt rémunéré

Le prêt bancaire connaît lui aussi un certain recul, les banques hésitant à s'engager aux côtés des entrepreneurs et ces derniers faisant face à une économie réelle sclérosée, il est compliqué pour les deux mondes concernés, à savoir la finance et le milieu entrepreneurial, de s'entendre sur un financement.

En témoignent les taux d'intérêts historiquement bas à l'heure actuelle. Ceci reflète *in concreto* le déficit de financement connu à ce jour.

Celui-ci s'explique aussi par les nouvelles règles imposées aux banques depuis les accords de Bâle III du 16 décembre 2010, qui ont vu les Etats signataires obliger leurs banques à garantir et se doter d'un minimum de fonds propres avant d'exercer toute activité bancaire. En effet, la crise des *sub-primes* de 2008 était en partie due à ce manque de fonds propres et à l'utilisation de produits dérivés pour financer les activités bancaires. L'argent dématérialisé a conduit à une certaine surenchère en termes d'octroi d'argent et de réalisation de profits pour les banquiers, ce qui a mené à l'écroulement du système. Ainsi, les banques ont vu s'appliquer de nouvelles règles de déontologie et la mise en place de réglementations visant à rationaliser le milieu de la finance. Ceci a conduit à une réticence toujours plus importante à financer des entreprises qui n'avaient aucune garantie à fournir, faute d'activités commerciales débutées, en échange de l'octroi d'un prêt. Dès lors, l'obligation de dotation en fonds propres pour les banques a détourné le milieu entrepreneurial du financement classique et de nouvelles voies alternatives ont été explorées.

Le financement participatif a alors également pu prendre la forme d'un prêt consenti par l'investisseur au porteur de projet. Ainsi, l'investisseur-prêteur va classiquement remettre une somme d'argent au porteur de projet-preneur sous certaines conditions de remboursement, notamment la durée pour laquelle le prêt est concédé et ainsi l'échéance à laquelle le preneur devra rembourser la somme totale due, ainsi que par exemple les taux d'intérêt, les modalités de remboursement anticipé en cas de gains importants de l'entreprise, etc. Le prêt avec intérêts est soumis en droit français à la législation de droit commun y afférente, notamment des articles 1905 à 1914 c.civ. Bien sûr, tout un corpus de normes vient également conditionner et créer des obligations de droit spécial relatives en la matière, particulièrement régies par le Code monétaire et financier, CMF, comme développé ci-après (cf. II).

Ce système présente lui aussi un avantage fiscal certain, en ce que les rémunérations par le biais d'intérêts sont moins taxées contrairement aux gains en capitaux (dividendes ou plus-values) réalisés à l'occasion de détention ou cession d'actions et autres instruments financiers. En effet, l'article 187 1° CGI prévoit une retenue à la source libératoire de 15% sur les revenus visés à l'article 118 1° CGI, entres autres les revenus d'intérêts sur des obligations. Ainsi, l'intérêt de cette forme de financement présente un avantage certain pour le prêteur résident fiscal français puisque les fruits qu'il tirera de cet investissement ne seront soumis qu'à une imposition à hauteur de 15 %.

En Allemagne, le § 32d de la *Einkommensteuergesetz*, EStG, loi fixant l'impôt sur les revenus, fait valoir un tarif fiscal particulier pour les revenus de certains capitaux mobiliers, en particulier les revenus des intérêts d'emprunts. Le taux ici prévu est lui aussi libératoire et représente 25 % des revenus. Ce taux semble assez haut en comparaison avec le taux français (15 %), mais il reste malgré tout attractif pour les gros investisseurs qui sont par exemple soumis au taux marginal sur leurs revenus professionnels. Mais l'aspect fiscal n'est pas le seul à devoir être pris en considération.

Ce prêt prendra bien souvent la forme d'un prêt « de dernier rang », et sera soumis pour le reste aux règles classiques gouvernant le prêt. Cela signifie que le prêteur renonce à tout rang dans l'ordre des créanciers du preneur qui porte le projet d'entreprise, et qu'il accepte d'être remboursé en dernier en cas de liquidation de la société, comme n'importe quel créancier chirographaire.

Certaines stipulations contractuelles peuvent éventuellement être ajoutées en sus des obligations légales inhérentes au prêt. Par exemple, le CMF prévoit, aux articles L.313-13, -14, -15, la possibilité pour le prêteur de renoncer à toutes garanties concernant le remboursement dudit prêt. Ainsi, l'octroi de ce prêt est à considérer comme un véritable investissement, en ce que le prêteur n'a aucune garantie de recouvrer un jour la somme allouée. Ce modèle est somme toute parfaitement en phase avec la nature même du *crowdfunding*, puisque les porteurs de projet cherchant à se financer ne peuvent apporter de telles garanties, à l'instar d'un cautionnement qui ne saurait être trouvé à défaut de connaissance de la viabilité du projet entrepreneurial.

2) Investissement sociétaire et titres financiers

Quelle que soit la nature de l'investissement concerné en matière d'investissements sociétaires ou d'acquisition de titres financiers, serait-ce sous forme de prise de participations (actions), de titres hybrides, d'obligations de la société envers l'investisseur ou sous quelque forme créative que ce soit, les problèmes qui sont rencontrés ainsi que les constats à faire se recoupent.

Premièrement, le caractère raisonnable et prudent des investisseurs a pour conséquence naturelle que plus le montant minimal demandé par la plateforme pour investir dans une société est faible, plus le nombre d'investisseurs croît[15]. En effet, il est somme toute logique que les investisseurs soient plus attirés par des « mises initiales » de faible envergure, ce qui a pour conséquence d'attirer un public d'investisseurs plus large. Ainsi, le financement de la société easyCARD Insurance Deutschland GmbH, exclusivement financé par de petits dépôts en provenance des

---

15 KLÖHN (Lars) et HORNUF (Lars), « *Crowdinvesting* in Deutschland », op. cit., p. 242.

investisseurs, a été réalisé en 87 minutes[16]. C'est la société qui détient en Allemagne le record en terme de rapidité de financement, en ayant mis en place un financement par petits montants, avec un produit attractif.

Le projet d'assurance des produits technologiques (smartphones, tablettes, PC et autres petits produits du quotidien) de manière ultra-rapide (la simple fourniture d'une adresse email et du numéro de carte d'identité suffit à être assuré auprès d'easyCARD) a ainsi séduit un grand nombre d'investisseurs très rapidement, qui y ont vu un produit d'avenir pour une société dont les individualités ne prennent plus le temps de s'attarder sur des éléments comme l'assurance de leurs produits high tech.

Ces derniers ont donc souhaité entrer au capital de la GmbH en création, afin de prendre des actions ou obligations émises par la société. Bien souvent, les investisseurs ont la possibilité de communiquer entre eux grâce à la plateforme, d'échanger quant à la nature et la forme de l'investissement, en somme de pouvoir s'interroger sur les informations soumises par la plateforme et relatives à la souscription à l'offre du porteur de projet[17]. Ces plateformes de *crowdinvesting* se nomment par exemple Particeep ou encore HappyCapital.

Cette opération est exactement semblable à tout achat d'actions ou obligations émises par une société classique qui souhaite recouvrir des fonds, dans le cadre le plus classique de l'émission d'actions.

Le financement par investissement sociétaire, soit-il participatif, permet donc à l'investisseur de devenir actionnaire de la société. Ainsi, en principe, il obtient, grâce à ses actions détenues, des droits politiques (droit à l'information, droit de vote ...), des droits financiers (droit aux dividendes, au boni de liquidation ...), ainsi que des droits patrimoniaux, c'est-à-dire la possibilité pour l'actionnaire de disposer de ses actions. Ici, plusieurs questions se posent quant à la protection des actionnaires. En effet, la société qui porte le projet souhaite-t-elle éventuellement voir entrer dans son capital plusieurs centaines d'investisseurs divers et variés,

---

16 Ibid., p. 243.
17 Ibid., p. 245.

qui auront un droit d'information sur la comptabilité, des possibilités de décision via les droits de vote, ou qui pourront, quand bon leur semble, revendre leurs actions ?

Evidemment, ces différentes questions peuvent être résolues par la création d'un pacte d'actionnaire qui viendra apporter des modalités à l'exercice de ces différents droits. Mais l'investisseur souhaitera-t-il investir s'il sait que l'exercice de ses droits sera subordonné à de nombreuses et complexes conditions ?

La société émettrice d'actions ne devra-t-elle pas se plier à différents formalismes et nombreuses régulations concernant l'émission d'actions, en particulier la législation sur la coûteuse rédaction d'un prospectus boursier en cas d'offre publique ?

Ainsi, il convient d'observer si la législation existante permet, tant à l'investisseur qu'au porteur de projet, de financer une entreprise via le *crowdfunding* sans s'affranchir des obligations colossales y liées. Est-ce que la plateforme, quant à elle, dispose des marges de manœuvre nécessaires à la recherche des investisseurs et la mise en relation avec le porteur du projet ? Le cas échéant, quelle sera la protection offerte à l'investisseur dans ces projets financés de manière participative ?

II - REGULATION DES DIFFERENTS TYPES DE FINANCEMENT PARTICIPATIF

Il convient ici de s'intéresser aux législations existantes, applicables et stables, aux créations législatives plus récentes, ainsi qu'aux éventuelles mesures à prendre pour encadrer et permettre le développement du *crowdfunding*. En effet, celui-ci se développe parallèlement au système bancaire classique et c'est la raison pour laquelle l'étude de cette régulation est importante, car ce déploiement est problématique[18].

---

[18] ROUSILLE (Myriam), « 3 Questions: Le *Crowdfunding* », op. cit., p. 2195.

En outre, une multitude de normes, bien souvent de provenance européenne, sont d'ores et déjà applicables et le financement participatif entre dans leurs domaines d'application. En revanche, le gouvernement français, par la voix de ses Premier ministre, ministre des Finances et des Comptes Publics ainsi que ministre du Redressement Productif et du Numérique, a, par son ordonnance n° 2014-559 du 30 mai 2014 relative au financement participatif, souhaité légiférer en la matière. Ainsi, la France a souhaité prendre une certaine avance face à ses voisins européens et tente de se positionner comme un leader à ce sujet. Elle a dès lors pris le risque d'agir très (trop ?) tôt, sans connaître les problèmes liés au *crowdfunding*, mais également fait le pari d'être en mesure de servir de modèle européen concernant le financement participatif.

Ainsi, l'ordonnance susnommée est intervenue très récemment pour créer des statuts hybrides, intermédiaires. Ces statuts concernent des réglementations existantes qui seront les mêmes en Allemagne car provenant des normes européennes. La France a simplement apporté des exceptions aux différents monopoles avec lesquels le financement participatif entrait en conflit, à savoir le monopole des services de paiement (a), celui des services bancaires (b) et ladite ordonnance a également su apporter une nouvelle réglementation en matière d'émission d'actions et de rédaction de prospectus (c), ainsi que la création de différents statuts s'y rapportant.

En effet, ces différentes obligations de respect de la réglementation pouvaient toucher tant la plateforme, que l'investisseur–porteur de fonds, ou que l'entrepreneur porteur de projet. Dès lors, la France a souhaité ouvrir certaines portes au *crowdinvesting*.

A – Réglementation liée au monopole des services de paiement

Le monopole des services de paiement, cristallisé en droit français par les articles L.133-1 et L.314-1 CMF, est originellement issu des directives 2007/64/CE concernant les services de paiement et 2009/110/CE concernant la monnaie électronique.

En droit allemand, la *Kreditwesengesetz*, KWG, correspond à la réception nationale de la directive 2007/64/CE et propose des références directes au sein de ses articles. C'est une transposition très directe et en ligne avec le droit communautaire puisque le législateur allemand n'a pas tenté de réécrire les articles de la directive, mais a repris presque textuellement les articles de ladite directive. Les parapgraphes 1 et 1a de la KWG, intitulés « *Geltung der Verordnung* », soit « champ d'application du règlement », se contentent de renvoyer aux définitions de la directive pour définir les prestataires de services de paiement, PSP, simplement désignés comme « Kreditinstitute ». Ces PSP ainsi nommés sont dès lors soumis directement aux obligations de la directive reprise par renvoi en droit allemand, et malgré tout définis et listés avec une certaine précision au § 1 *Begriffbestimmungen.* Sont alors concernés au § 1 I s.1 KWG „*die Annahme fremder Gelder als Einlagen oder anderer unbedingt rückzahlbarer Gelder des Publikums, sofern der Rückzahlungsanspruch nicht in Inhaber- oder Orderschuldverschreibungen verbrieft wird, ohne Rücksicht darauf, ob Zinsen vergütet werden (Einlagengeschäft)*".

Les prestataires de services de paiement doivent donc, en France comme en Allemagne, recevoir un agrément, respectivement de l'ACPR conformément à l'article L.522-6 du CMF et de la *Bundesanstalt für Finanzdienstleistungsaufsicht,* BaFin, § 32 KWG, afin de pouvoir effectuer des transferts de fonds.

La réception, détention-conservation et restitution de fonds à un tiers caractérise le service de paiement. Dès lors, la plateforme internet de financement participatif pourrait ainsi voir sa responsabilité engagée pour méconnaissance du monopole dédiés aux établissements prestant des services de paiement, puisqu'elle va recevoir des fonds de la part des investisseurs et les restituer au porteur de projet pour qu'il concrétise son projet entrepreneurial.

Afin de pallier à cette possibilité de poursuites, l'ordonnance française a créé une procédure nouvelle pour un statut nouveau, celui d'intermédiaire en financement participatif, conformément à l'article 17 de l'ordonnance, statut exclusivement réservé aux personnes morales (cf. Article 17). Ces intermédiaires exerceront des activités de prêts à titre onéreux ou sans intérêts, en conformité avec l'article L.548-2 nouveau du CMF et sont donc protégés par l'ordonnance nouvellement adoptée en instaurant ledit nouveau régime. Ils devront pour ce faire recevoir un agrément[19], allégé mais semblable à celui des prestataires de services de paiement classiques conformément à l'article 16 de l'ordonnance. L'ordonnance précise que cet agrément sera attribué, si et seulement si, un plafond à fixer par décret n'est pas dépassé. Cet agrément prendrait donc une forme limitée, une sorte de « mini-agrément »[20].

Les plateformes verront également peser sur elles toute une liste d'obligations, visées par l'article 17 de l'ordonnance, futur article L.548-6 CMF. En effet, l'ordonnance française du 30 mai 2014 prévoit l'obligation, pour les plateformes internet de financement participatif, d'informer le public sur les projets à financer, les possibilités de contact des porteurs de projet, la plateforme, également la publication annuelle d'un rapport d'activité. Dans un rôle plus particulier d'intermédiaire en financement participatif, l'ordonnance française oblige les plateformes à donner plus de précisions concernant le projet, à un devoir de prévention envers les investisseurs, etc. Ceci sera développé de manière plus détaillée en partie III au sujet de la protection desdits investisseurs

La plateforme doit également se conformer à des obligations de transparence concernant sa rémunération et les différents frais qui peuvent naitre suite à la souscription d'un éventuel prêt. En outre, la plateforme devra supporter des coûts de conseils juridiques importants puisqu'elle devra proposer un contrat cadre relatif aux opérations qu'elle souhaite mettre en place. Ce type de contrat type manque encore cruellement de chaque côté du Rhin[21], ceux-ci étant individualisés. La rédaction de contrat cadre favorisera la protection de l'investisseur (cf. infra III).

---

19 « Réforme du *crowdfunding* » in Dépêches JurisClasseur, 21 février 2014.

20 Voir rapport LASSERRE CAPDEVILLE (Jérôme), « Réforme du *crowdfunding* en droit française: les aspects du droit bancaire », actes du présent colloque.

21 MESCHKOWSKI (Alexander) et WILHELMI (Frederike K.), « Investorenschutz im *Crowdinvesting* » in Betriebs-Berater (BB), 2013, p. 1412.

Une obligation de suivi de l'opération pèsera également sur l'intermédiaire en financement participatif, afin qu'il s'assure que la société à financer a bel et bien été créée, que les fonds sont utilisés pour leur destination, etc...Ainsi, il semble que l'ordonnance française ait décidé de prendre les devants, afin de créer un cadre législatif strict et précisément défini.

Cette volonté française est louable en ce que la Commission européenne a décidé de laisser aux Etats membres de l'Union européenne la possibilité de légiférer librement afin de pouvoir s'inspirer desdites législations dans le futur[22]. La France tente ainsi de se positionner comme un précurseur et, peut-être, de voir sa législation devenir une référence européenne. Mais elle prend également le risque de paralyser le *crowdfunding*, en ce qu'elle lui impose un cadre réglementaire, fait naître des obligations à l'encontre des plateformes, à l'endroit des investisseurs et porteurs de projets, alors que le financement participatif est précisément né de la volonté des entrepreneurs et investisseurs de passer outre la réglementation classique en matière bancaire. Ainsi, le gouvernement français réalise un pari, puisque cette volonté législative peut tant lui être bénéfique en matière de leadership européen concernant le *crowdfunding*, que venir bloquer le marché du financement participatif en France, en créant des obligations trop lourdes et inadéquates y afférentes.

L'Allemagne a, concernant le monopole des établissements prestataires de services de paiement, décidé d'adopter une position attentiste et observatrice, se contentant d'appliquer les règles d'ores et déjà existantes avec plus ou moins de souplesse. Un cadre législatif nouveau n'est pas donné, le législateur allemand préférant observer les faiblesses et failles du système dans un premier temps avant toute création législative.

Ainsi, la législation applicable en la matière sous l'empire du droit allemand est celle posée par la loi sur les crédits bancaires, KWG, qui vient tout de même créer un statut d'intermédiaire en financement, *Anlagever-*

---

22 Communication de la Commission au Parlement Européen, au Conseil, au Comité Economique et social européen et au Comité des Régions – Libérer le potentiel du financement participatif dans l'Union Européenne, voir note 7.

mittler. Ce statut ne concerne pas le financement participatif de prime abord.

Il faut ici distinguer la situation depuis une évolution législative en date du 1er juin 2012. En effet, le 1er juin 2012 est entrée en vigueur en Allemagne une loi de modernisation des placements financiers, *Gesetz zur Novellierung des Finanzanlagevermittler- und Vermögensanlagerechts*. Celle-ci est venue modifier la compréhension à donner aux instruments financiers, *Finanzinstrumenten*[23]. Avant le 1er juin 2012, les instruments financiers ne concernaient que les titres, instruments du marché monétaire et dérivés. Ils ne comprenaient donc pas les services financiers de paiement qui nous intéresse ici. Cependant, depuis le 1er juin 2012, le terme d'instrument financier au sens des paragraphes 2 IIb *Wertpapierhandelsgesetz*, WpHG, loi sur la négociation de titres et 1 XI S.1 KWG comprend également les placements, *Vermögensanlage*. Ces placements nécessitent selon le mécanisme du *crowdfunding* (ou d'une banque classique) la transition de fond par l'intermédiaire en placement et ainsi des prestations de service de paiement seraient données. Dès lors, il faut considérer que les plateformes de financement participatif réaliseraient des opérations de paiement, pourtant interdites à tout institut n'ayant pas reçu d'agrément de la BaFin. Ainsi, en Allemagne, les plateformes de *crowdfunding* sont soumises aux dispositions de la loi sur les crédits bancaires, KWG, et qui régulent notamment l'accès aux services de paiement. Cette loi interdit à des personnes, morales ou physiques, d'effectuer des services de paiement. Dès lors, les plateformes de financement participatif qui sont réceptrices de fonds des investisseurs dans le but de les restituer aux porteurs de projet encourent la recherche de leur responsabilité pour non-respect du monopole des services de paiement instauré en Europe par la directive 2007/64/CE.

Toutes les formes de *crowdfunding* sont concernées par ce monopole réservé aux instituts prestant des services électroniques de paiement, que ce soit sous forme de dons, de prêts ou de prises de participations puisque l'élément central est la transmission de fonds. Dès lors,

---

23 KLÖHN (Lars) et HORNUF (Lars), « *Crowdinvesting* in Deutschland », op. cit., p. 249.

l'exception créée en France répond en partie à la réglementation existante, mais elle ne concerne que les prêts à titre onéreux ou sans intérêts, octroyés via un site internet par le concours d'une plateforme, nommée intermédiaire en financement participatif. C'est donc un statut restrictif, limité, qui vient encadrer une activité dont le développement exponentiel appelait une réponse. La volonté d'un cadre législatif « dur » par le gouvernement français peut ainsi sembler en contradiction avec la nature du financement participatif. Cependant, comme nous pourrons l'observer (cf. infra III), ceci concourt à la protection des investisseurs participatifs.

Pour autant, la transgression des règles applicables aux établissements qui effectuent des services de paiement n'est pas la seule à ouvrir d'éventuels problèmes. En effet, elle ne concerne qu'une petite partie du mécanisme de *crowdfunding*, celui de la réception-restitution des fonds par la plateforme. En toute logique, les problèmes d'autorisation d'exercice qui lui incombent en tant que futur professionnel du financement se doivent d'avoir une place moindre dans l'étude des problèmes liés au financement participatif, car celui-ci repose avant tout sur les investisseurs et les porteurs de projets qu'ils souhaitent soutenir.

Chacune de ces catégories d'intervenant entrent elles aussi en confrontation avec des réglementations existantes, qui sont elles-même très strictes et pourraient devenir un véritable frein à l'essor du financement participatif.

B – Réglementation liée au monopole des services bancaires

Afin de pallier aux conditions d'honorabilité auxquelles seront soumises les banques et pour éviter que tout un chacun se comporte comme un banquier en engageant les risques liés à cette activité, le secteur bancaire s'est vu confier un monopole quant à l'octroi de crédits rémunérés, notamment confirmé via la directive 2006/48/CE du 14 juin 2006 concernant l'accès à l'activité des établissements de crédit et son exercice.

Le monopole bancaire est défini en France par l'article L.511-5 du CMF comme l'interdiction à toute personne autre qu'un établissement de crédit ou une société de financement d'effectuer des opérations de crédit à titre habituel. Ainsi, seuls les établissements de crédit agréés au sens de l'article L.522-6 peuvent réaliser des opérations de banque à des fins professionnelles. Il est donc strictement interdit à des particuliers de se comporter de manière habituelle comme un banquier, c'est-à-dire de fournir des prestations d'octroi de crédits rémunérés, via la mise à disposition de fonds à titre onéreux.

Le caractère habituel de l'octroi de crédit est à définir afin de savoir à quel moment la personne qui délivrera un prêt en faveur d'un projet pourra voir sa responsabilité engagée. En effet, le Code monétaire et financier n'interdit pas *stricto sensu* l'octroi de prêt par des personnes (physiques ou morales), mais interdit à ces personnes de le faire à « titre habituel ». La personne qui concède un seul prêt peut-elle voir sa responsabilité recherchée ? La jurisprudence de droit commun de la Cour de cassation a défini ce critère en estimant que le caractère habituel d'une action est concrétisé dès la deuxième réalisation de cet acte[24]. Ainsi, sitôt que le prêteur réaliserait deux prêts à titre onéreux, il serait pénalement responsable. Ceci pourrait s'avérer extrêmement compliqué en pratique, puisque, par exemple, les actionnaires d'une société sont souvent amenés à octroyer des prêts successifs à ladite société afin de lui apporter des liquidités, et ceux-ci sont très souvent réalisés à titre onéreux.

Dès lors, on ne saurait rechercher la responsabilité d'un actionnaire qui recherche non pas un intérêt personnel, mais plutôt l'essor économique de la société dont il détient déjà des parts. C'est pourquoi la jurisprudence spéciale en matière de droit bancaire de la Cour de cassation est venue poser un autre critère. En effet, celui-ci ne se définit plus *rationae temporis* mais *rationae personae*. La chambre criminelle de la Cour de cassation a estimé par un arrêt de principe du 5 février 1995 que le caractère habituel de l'octroi de prêts entrant en conflit avec le monopole bancaire était donné à compter du moment où la personne concède des prêts à plusieurs tiers. Ainsi, c'est le nombre de preneurs de crédit qui a été rete-

---

24 Cass. crim., 24 mars 1944.

nu par la Cour afin de déterminer le caractère habituel posé par l'article L.511-5 CMF.

La question se pose ainsi donc également en matière de *crowdfunding*. Effectivement, le but recherché par les plateformes de financement participatif est assez clair, puisqu'il consiste en la volonté de voir les investisseurs miser sur plusieurs projets, afin qu'ils financent par de petits montants des projets variés et différents et les plus nombreux possibles. De plus, ceci apporte un intérêt de diversification particulier pour l'investisseur-prêteur puisque cela lui permet de segmenter la somme qu'il souhaite mettre à disposition. Si la jurisprudence de la Cour de cassation susmentionnée s'appliquait, le prêteur ne pourrait prêter qu'à la faveur d'un seul et unique projet. Cet état de droit serait en inadéquation totale avec la nature du *crowdfunding*. C'est ainsi que l'ordonnance française du 30 mai 2014 a apporté une réponse concrète à cette problématique. Et elle concerne les investisseurs. En effet, il est à préciser que la plateforme de financement participatif sur internet ne saurait voir sa responsabilité engagée au prétexte qu'elle est un moyen d'octroi desdits prêts, puisque ce n'est pas elle directement qui octroierait les prêts. La plateforme serait plutôt freinée par le monopole des services de paiements vu précédemment. L'ordonnance a déjà apporté une solution en créant le statut intermédiaire en financement participatif, qui permet à la plateforme de recevoir et restituer les fonds en question ; le portail internet ne saurait doc être inquiété de ce point de vue, puisqu'il n'est que l'intermédiaire du financement, et non le prêteur en tant que tel[25]. Mais quid des personnes souhaitant octroyer les prêts ? Pourraient-elles voir leurs responsabilités engagées pour méconnaissance du monopole bancaire et exercice illégal de la profession de banquier ?

L'ordonnance prévoit une dérogation à ce monopole en son article 15, qui vient modifier l'article L.511-6 du CMF portant sur les exceptions d'application de la restriction d'exercice de la profession. Ainsi, le nouvel alinéa 7 de l'article L.511-6 CMF est ainsi rédigé : « *7. Aux personnes physiques qui, agissant à des fins non professionnelles ou commerciales, consentent des*

[25] LASSERRE CAPDEVILLE (Jérôme), rapport du présent colloque.

prêts dans le cadre du financement participatif de projets déterminés, conformément aux dispositions de l'article L.548-1 et dans la limite d'un prêt par projet. Le taux conventionnel applicable à ces crédits est de nature fixe et ne dépasse pas le taux mentionné à l'article L.313-3 du Code de la consommation. Un décret fixe les principales caractéristiques de ces prêts, notamment leur durée maximale. ».

Dès lors, il convient de souligner que l'exception prévue à cet article ne concerne que les personnes physiques, n'agissant pas de manière professionnelle, et qui n'octroieraient qu'un seul prêt par projet. Ce prêt ne saurait être usurier au sens de l'article L.313-3 du Code de la consommation. Il est donc important de noter que seuls les particuliers sont concernés. Cela signifie que des personnes morales ne peuvent réaliser des prêts rémunérés via une plateforme internet de *crowdfunding*. Ainsi, même une société, dont les statuts prévoient la possibilité d'octroyer des prêts, ne saurait bénéficier de cette exception nouvellement créée. Elle ne concerne que les personnes physiques. En outre, les particuliers qui décideraient de concéder des prêts avec intérêts ne pourraient agir « à des fins professionnelles ou commerciales ». On retrouve ici le critère du « titre habituel » définit à l'article L.511-5 CMF, qui crée le monopole pour les banquiers. Ainsi, les particuliers ne peuvent pas agir à des fins professionnelles, comme des banquiers, et ne pourront pratiquer le *crowdfunding* comme une activité principale. Celle-ci devra se réaliser dans le cadre privé et personnel. La possibilité de concéder des prêts est également encadrée par la limitation à un seul prêt par projet financé. Par conséquent, les investisseurs ne pourront que diversifier leurs mises et ne seront pas en mesure de prêter plusieurs fois pour le même projet. On retrouve ici en quelque sorte le critère jurisprudentiel posé par la Cour de cassation, à savoir la concession d'un seul prêt par projet. Ainsi le critère du prêt réitéré ne saurait être retenu pour exercice illégal de la profession de banquier[26]. L'ordonnance apporte une exception à la jurisprudence du 5 février 1995 qui concernait plus particulièrement le droit bancaire, puisqu'elle vient par contre permettre aux investisseurs *online* de prêter à plusieurs projets. En effet, l'article 15 de l'ordonnance (futur article L.511-6 alinéa 7 du CMF) ne pose pas de conditions quant aux nombres

---

[26] Jurisprudence du 24 mars 1944.

de prêts accordés à des projets différents. Tout donne donc à penser que la multiplication des prêts à différents projets serait même favorisée, à condition bien sûr, comme le précise cet article, que ceci ne soit pas réalisé « à des fins professionnelles ou commerciales ».

Ainsi, le gouvernement français a bel et bien créé une exception, une dérogation, au monopole alloué aux instituts de crédit, dans le but de libérer les forces vives de l'économie et l'épargne française et de libérer les investisseurs « 2.0 » français des chaînes entravant classiquement l'octroi de prêt.

L'Allemagne n'ayant pas encore légiféré en la matière, il convient d'observer les règles classiques y applicables, déterminées par la même directive européenne n°2006/48/CE. Ici, les paragraphes 1 I s.2 et 32 I s.1 KWG précisent que seuls les instituts ayant reçu un agrément de la BaFin peuvent réaliser des opérations de crédit, *die Gewährung von Gelddarlehen und Akzeptkrediten. A contrario*, les organismes n'ayant pas reçu cet agrément ne peuvent pas réaliser des concessions de crédits à des tiers. Les plateformes allemandes, déjà bien existantes, ainsi que les investisseurs, tombent alors sous le joug de la régulation existante, à savoir la KWG Par là même, les prêteurs allemands sont donc en principe dans l'illégalité lorsqu'ils réalisent des octrois de crédits et pourraient se voir sanctionner pour le non-respect du monopole attribué aux banques ayant reçu un agrément de la BaFin. Mais ni le gouvernement allemand ni le législateur ne se sont décidés à adopter une position génératrice de législation, mais ont plutôt choisi une position d'attente, d'observation, afin de mieux connaître le *crowdfunding* et de pouvoir, en temps voulu, légiférer de manière plus précise et plus en phase avec les problèmes rencontrés. Ainsi, la législation allemande applicable à l'heure actuelle est celle qui a été créée pour les banques afin d'encadrer leurs activités, et est dès lors en totale inadéquation avec le fonctionnement du financement participatif, car bien trop lourde et contraignante pour les particuliers qui souhaiteraient aider des tiers à financer leurs projets. Le corpus de règle porté par la KWG doit être adapté afin de ne pas soumettre les investisseurs via les plateformes internet de *crowdfunding* à une réglementation freinant l'essor du financement participatif et ses bienfaits pour l'économie réelle des PME.

Dès lors, après avoir observé certaines obligations relatives aux plateformes, puis celles pesant également sur les investisseurs, il conviendra de s'intéresser par ailleurs aux obligations très lourdes qui vont également peser sur la société émettrice de titres souhaitant se financer sur internet et qui peuvent nuire à la genèse même du projet tant ces obligations sont contraignantes. Les plateformes qui proposent des titres financiers pourraient-elles aussi, à l'instar des sociétés porteuses de projets, connaître des entraves relatives à la mise sur le marché desdits instruments ?

C – Réglementation du marché des instruments financiers

La réglementation qui nous intéresse particulièrement ici est celle concernant les prises de participations dans une société. En effet, il est courant que des sociétés réalisent des offres publiques de valeurs mobilières afin d'obtenir des financements auprès d'un large public. Ainsi les investisseurs vont acheter des valeurs mobilières sous forme d'actions, d'obligations de la société, de titres financiers plus ou moins hybrides et complexes. Ces achats sont en partie régulés par un droit commun classique de droit des sociétés, mais se voient également complétés par un ensemble de règles d'origine européenne, générant alors un droit très spécial, relatif à de petits actes précis mais ultra-réglementés.

La nature même de la valeur mobilière proposée à l'achat ne vient pas *in concreto* modifier la réglementation y applicable puisque la directive 2003/71/CE concernant le prospectus à publier en cas d'offre au public de valeurs mobilières ou en vue de l'admission de valeurs mobilières à la négociation ne distingue pas entre les différentes natures de valeurs mobilières pour y créer des obligations. L'obligation qui doit particulièrement être envisagée et qui peut bien évidemment poser problème ici est celle liée au prospectus d'information[27] que l'émetteur est tenu de publier

---

[27] MOULIN (Jean-Marc), « La régulation du *crowdfunding* à la française » in Revue de Droit Bancaire et financier, n°4, Octobre 2013, étude 19.

lors d'une offre au public de titres financiers[28]. En effet, la directive sus-mentionnée a créé cette obligation pour les sociétés émettrices des Etats membres.

Le problème réside dans le fait que la rédaction de ce prospectus est juridiquement compliquée et très coûteuse puisque l'émetteur devra, à sa charge, s'attacher les services de conseillers juridiques connaissant les aspects réglementaires liés à la publication d'un prospectus d'information. Ces conseillers prendront beaucoup de temps pour rédiger le prospectus et ainsi l'opération pour le porteur du projet d'émission de valeurs mobilières se révèlera extrêmement coûteuse (le prix moyen d'un prospectus peut avoisiner les 100.000 euros au vu du nombre d'heures et de collaborateurs nécessaires à la rédaction de ce dernier). En pratique, cela pourrait mener à deux phases de financement participatif : l'une concernant le financement de la rédaction du prospectus, et l'autre relative au financement de l'entreprise elle-même. Ceci serait totalement illogique et l'obligation de créer un prospectus pour les entreprises de petite taille souhaitant être financées via le *crowdfunding* n'aurait aucun sens. En outre, le marché des instruments financiers est lui aussi un marché réglementé dont l'accès est réservé et soumis à condition. Les plateformes de financement participatif pourraient là aussi être inquiétées au vu de leur activité qui enfreindrait les règles communes applicables au marché des instruments financiers, qui constitue classiquement lui aussi un monopole. Ainsi faut-il s'intéresser à la situation juridique actuelle dans les deux pays rhénans faisant l'objet de cette étude, afin de déterminer si les porteurs de projets français et allemands seront soumis à l'obligation d'édiction du prospectus boursier d'information. Cette analyse permettra ensuite de déterminer la réglementation applicable aux plateformes proposant l'aliénation de titres financiers via internet.

1) Accès au marché

L'ordonnance française du 30 mai 2014 consacre l'ensemble de son titre 1er au financement participatif sous forme de titres financiers. Ce titre est subdivisé en 2 chapitres, l'un portant sur la création d'un nouveau

---

28 ROUSILLE (Myriam), « 3 Questions: Le *Crowdfunding* », op. cit., p. 2195.

statut, celui de conseiller en investissements participatifs, le deuxième créant une adaptation de ladite réglementation concernant l'offre au public de titres financiers dans le cadre du financement participatif. L'article 1er de l'ordonnance complète le livre V titre IV du CMF par un nouveau chapitre intitulé « les conseillers en investissements participatifs ». Ceux-ci sont définis au nouvel article L.547-1 – I comme des personnes morales, dont la profession habituelle est l'activité de conseil en investissements participatifs sous la forme de titres de capital et de créance au moyen d'un site internet. Cette nouvelle législation vient réglementer l'accès aux plateformes internet de *crowdfunding* organisées sous formes de sociétés ayant la personnalité juridique (« personnes morales »). L'ordonnance retient que ces plateformes exercent une activité de conseil en investissements sur la prise de participations dans une société, ou du moins l'achat de titres financiers relatifs à cette société. Les plateformes internet de financement participatif ayant le statut de conseiller en investissements participatifs seront alors soumises à un cheptel de règles de bonne conduite et leurs administrateurs à des conditions d'accès strictes.

En effet, les nouveaux articles L.547-3 – I et suivants CMF font part « d'exigences d'âge et d'honorabilité » fixées par décret, et de « conditions de compétences professionnelles » fixées par règlement de l'AMF. Ces conditions de capacité professionnelle seront gagées par l'inscription et adhésion obligatoire à une association qui aura entre autre la charge de suivre ses membres afin de vérifier leurs aptitudes à remplir leurs missions et la bonne foi qui y est liée. En outre, les administrateurs de ces plateformes *online* devront, comme le stipule l'article L.547-5-I CMF, souscrire à une assurance professionnelle qui couvrira « les conséquences pécuniaires de [leur] responsabilité civile professionnelle, en cas de manquement à [leurs] obligations ».

Il conviendra lors de l'étude de la protection allouée aux investisseurs d'observer quelles règles sont imposées aux portails internet vis-à-vis de leurs relations avec leurs clients (cf. infra III.). Ainsi, l'ordonnance française du 30 mai 2014 a créé un nouveau statut dérogatoire au monopole consacré à l'article L.532-1 CMF concernant les prestataires de services d'investissement. En effet, elle autorise désormais, via la création du statut de conseiller en investissement participatif, la création de sociétés d'investissement dont l'activité commerciale sera régie par l'offre de titres de capital ou de titres de créance à des tiers au moyen d'un site internet. Ces sociétés prestataires de services devront respecter les obligations susmentionnées, présentes au chapitre VII du titre IV du livre V du CMF. L'ordonnance gouvernementale française fait ainsi peser sur les plateformes de *crowdfunding* un ensemble de règles de conduite, de conditions d'accès et d'exercice encadrant l'activité des portails internet.

Evidemment, comme nous avons pu l'observer précédemment, l'Allemagne n'a, elle, pas encore légiféré en la matière et nous ne saurions donc observer une législation qui référerait directement au statut des plateformes de financement participatif. Pour autant, il convient de rappeler que le 1er juin 2012, le législateur allemand a adopté la *Gesetz zur Novellierung des Finanzanlagenvermittler- und Vermögensanlagerechts*. Cette loi est venue modifier le statut de certains intermédiaires actifs dans le milieu de la finance. Ainsi, selon les termes de cette loi et en bonne observation des parapgraphes 2 al. 3 phrase 1 Nr. 4 WpHG, 1 al. 1a phrase 2 Nr. 1 KWG, et surtout 1 al. 2 *Vermögensanlagegesetz*, VermAnlG, les plateformes de *crowdfunding* remplissent les conditions prévues à ces articles et définissant les conseillers en investissements qui prestent des conseils en placement[29]. Grâce à cette loi de modernisation de 2012, les plateformes de financement participatif tombent sous le nouveau régime prévu par la *Gesetz zur Novellierung des Finanzanlagenvermittler- und Vermögensanlagerechts*, qui prévoit que ces conseillers en investissements/placements ne tombent pas sous l'égide de la surveillance de la BaFin (§ 4 I WpHG) mais sous le simple contrôle de la *Gewerbeaufsicht*[30]. Les conditions d'accès sont dès lors considérablement allégées.

Pour autant, les conseillers en placement qui effectuent des émissions de titres au sens de la WpHG seront dès lors soumis aux obligations et devoirs prévus au § 31 WpHG, comme par exemple le devoir de prudence, la mise en place d'un système de gestion des conflits d'intérêts, etc.

---

29 KLÖHN (Lars) et HORNUF (Lars), « *Crowdinvesting* in Deutschland », op. cit., p. 251.

30 Ibid.

Par ailleurs, ceci concerne l'ensemble des conseillers en placement, et pas seulement les conseillers en investissement participatif. On ne peut donc pas parler d'un régime dérogatoire spécial mais plutôt d'un assouplissement des règles d'accès en général, réalisé il y a deux ans en Allemagne.

Ainsi, nous avons pu observer que l'accès au marché financier a été adapté en France pour les conseillers en investissement participatif en particulier, tandis que la législation allemande a elle été allégée pour les conseillers en investissement en général.

2) Offre au public de titres financiers

Les offres au public de titres financiers ont fait l'objet ces dernières années de nombreuses créations et modifications législatives. En effet, sous l'impulsion du droit communautaire et de la volonté unificatrice de l'Europe en matière de droit bancaire et des marchés économiques, la régulation y afférente a été considérablement modifiée. Ceci s'explique par la volonté d'observer la mise en place d'une protection accrue des investisseurs et une honorabilité relevée des acteurs du marché. Ainsi, à l'instar des réglementations précédemment observées, le droit européen est venu créer un certain nombre d'obligations pour les acteurs du marché.

Dès lors, la directive 2003/71/CE concernant le prospectus à publier en cas d'offre au public de valeurs mobilières ou en vue de l'admission de valeurs mobilières à la négociation a interdit aux Etats membres de l'Union européenne d'autoriser des offres de valeurs mobilières au public sans publication préalable d'un prospectus (art. 4 directive). La nature et la forme du prospectus sont ensuite développées dans les articles suivants. La question est de savoir quelle réception de la directive 2003/71/CE a été faite dans les Etats membres concernés par cette étude, et ainsi d'observer le droit classiquement applicable, mais surtout, de s'interroger sur l'impact que cette législation pourrait avoir sur les offres de titres réalisées via le *crowdfunding*.

Le droit français applicable aux offres au public de titres financiers est réglementé aux articles L.411-1 et suivants du CMF. L'offre au public est alors constituée par le « placement de titres financiers par des intermédiaires financiers ». Les financements participatifs sont évidemment concernés puisque la plateforme est un intermédiaire, comme nous avons pu l'observer précédemment. Que ce soit avant la rédaction de l'ordonnance française ou après, le statut d'intermédiaire de la plateforme de *crowdfunding* n'aurait pas été discutable, puisque c'est bien par l'intermédiaire du site internet qui propose le financement des projets que le financement a lieu. Ainsi l'offre au public est sans nul doute constituée en droit français aux termes de l'article susmentionné du CMF. Et les conséquences prévues pour elles sont dès lors applicables.

En effet, l'article L.412-1 du même code précise que « (…) les personnes ou les entités qui procèdent à une offre au public de titres financiers ou à une admission de titres financiers aux négociations sur un marché réglementé doivent, au préalable, publier et tenir à la disposition de toute personne intéressée un document destiné à l'information du public (…)». Ainsi, comme évoqué précédemment, le droit français a bel et bien intégré le droit européen dans son droit interne. Celui-ci oblige, depuis la transposition de la directive européenne, toute société émettrice d'actions à la rédaction d'un prospectus dans le cadre de l'offre publique qu'elle réalise.

Comme précisé auparavant, la rédaction d'un prospectus d'information est extrêmement onéreuse et demande beaucoup de temps. En effet, les informations que doivent contenir le prospectus sont très nombreuses. L'article L.412-1 CMF reste vague en se contentant de préciser que le prospectus doit contenir :

- « le contenu et les modalités de l'opération,
- l'organisation, la situation financière et l'évolution de l'activité de l'émetteur,
- des garants éventuels des titres financiers qui font l'objet de l'opération ».

In concreto, le prospectus sera très large et inclura entre autres un aperçu du droit applicable, concernant tant le droit des sociétés, que le droit fiscal par exemple. Il contiendra bien souvent également un développement assez complet sur les intentions commerciales de la société émettrice, ainsi que des explications sur les futurs business plans, etc… Le tout n'est pas de l'unique compétence d'un chef d'entreprise et il devra dès lors s'attacher de nombreux services (audit, conseil juridique, comptable …) pour ce faire.

Il est clair que les sociétés émettrices d'actions ou obligations qui souhaiteraient se financer grâce au *crowdfunding* tombent sous le joug de réglementation, de par la nature même de l'offre qu'elles réalisent. Mais il est également évident qu'elles ne peuvent pas assumer cette obligation. En effet, comment une entreprise qui n'a pas su se financer sur le marché classique, qui doit utiliser une voie « bis » et qui n'est bien souvent même pas encore créée, pourrait-elle supporter de si lourdes charges réglementaires ?

L'ordonnance française du 30 mai 2014 a intelligemment réglé ce problème en introduisant une exemption nouvelle vis-à-vis de la publication d'un prospectus[31]. Les articles 11, 12, 13, 14 de l'ordonnance sont relatifs à l'adaptation du régime des offres au public de titres financiers. L'article 11 de l'ordonnance crée un nouvel alinéa Ibis à l'article L.411-2 CMF qui précise : « Ne constitue pas une offre au public au sens de l'article L. 411-1 l'offre :

1° Qui porte sur des titres financiers mentionnés au 1 ou au 2 du II de l'article L.211-1 qui ne sont pas admis aux négociations sur un marché réglementé ou un système multilatéral de négociation ;

2° Et qui est proposée par l'intermédiaire d'un prestataire de services d'investissement ou d'un conseiller en investissement participatif au moyen d'un site internet remplissant les caractéristiques fixées par le règlement général de l'Autorité des marchés financiers ;

3° Et dont le montant total est inférieur à un montant fixé par décret. Le montant total de l'offre est calculé sur une période de douze mois dans des conditions fixées par le règlement général de l'Autorité des marchés financiers.

---

31 NOTTE (Gérard), « Financement participatif («*crowdfunding*»). Ord. n° 2014-539, 30 mai 2014 » in La Semaine Juridique Entreprise et Affaires n° 24, 12 juin 2014, act. 417.

La société qui procède à l'offre ne peut se prévaloir des dispositions de l'article L.232-25 du Code de commerce. Lorsque la société qui procède à l'offre a pour objet de détenir et de gérer des participations dans une autre société, la société dans laquelle elle détient des participations ne peut pas se prévaloir de cette même disposition. »

Ainsi, les émissions de titres financiers mentionnés à l'article L.211-1, à savoir les titres de capital émis par les sociétés par actions et les titres de créance à l'exclusion des effets de commerce et des bons de caisse, proposés par un conseiller en investissement participatif au moyen d'un site internet et dont les modalités précises seront fixées par décret, ne constituent pas une offre publique. Dès lors, l'obligation présente à l'article L.412-1 CMF de publication d'informations relatives à l'achat de titres financiers ne concerne pas les sociétés qui se financent par le biais du *crowdfunding*. C'est la plateforme elle-même qui devra fournir un minimum d'informations sur la société porteuse de projet[32]. Cet allègement d'obligations pour la société émettrice doit être accueilli favorablement, car la législation jusque-là en vigueur aurait été incompatible avec ce type de financement participatif. En effet, les moyens dont disposent les sociétés qui portent les projets sont très limités et celles-ci n'auraient aucunement pu répondre à l'obligation de publication d'un prospectus informatif, trop coûteux et complexe. Ainsi, la France a su amoindrir les obligations qui pèsent sur les petites sociétés se finançant par le *crowdfunding* et c'est un pas en avant dans la politique même de soutien aux entreprises et au monde entrepreneurial que de favoriser la création d'entreprises par des financements alternatifs.

L'Allemagne ne s'étant pas encore doter d'une législation nouvelle adaptée au financement participatif, il convient d'aborder par conséquent les règles classiques de droit financier applicables aux situations de *crowdfunding*. Le droit allemand consacre l'obligation de publication d'un prospectus au § 3 I de la *Wertpapierprospektgesetz*, WpPG, loi relative au prospectus des valeurs mobilières. L'alinéa I précise que celui qui offre des titres financiers ne peut le faire que s'il a auparavant publié un prospectus vis-à-

32 Ibid.

vis de ces titres. En effet, le but recherché est de donner à l'investisseur, afin qu'il sache précisément ce qu'il va acheter et à qui, une image à la fois précise de l'émetteur et des titres émis, *ein zutreffendes Bild über die Emittenten und die angebotenen Wertpapiere*[33], et large[34], *das Publikum umfassend über die Anlage zu informieren*[35]. Petra Buck-Heeb, dans son ouvrage intitulé *Kapitalmarktrecht*[36], prévoit précisément que le cas du *crowdfunding* est soumis à cette obligation en droit allemand. En effet, elle précise que l'obligation de publier un prospectus s'applique seulement aux offres publiques, c'est-à-dire à un cercle indéfini de personnes, via internet, les journaux ou une circulaire, „*Angebot im Internet, in der Zeitung, allgemeines Rundschreiben*"[37]. Une offre publique qui n'aura pas respecté la publication d'un prospectus informatif encourt la pure et simple annulation de la vente par la BaFin[38], § 21 IV 1 WpPG.

Mais il existe des cas où la publication d'un prospectus n'a pas été retenue, afin de pallier aux coûts trop élevés en relation avec ledit prospectus ou par nécessité pour la transaction. Ces exceptions ont été inscrites au § 3 II WpPG et correspondent aux exceptions françaises de l'article L.411-2 CMF, puisqu'elles proviennent de la même législation européenne:

- si la vente de titres se réalise exclusivement à destination d'investisseurs qualifiés, enregistrés comme tels auprès de la BaFin[39] (§ 27 WpPG),
- si l'émission des titres se destine à moins de 150 investisseurs par pays de l'Espace Economique Européen,
- si l'acquisition de titre n'est disponible que pour des achats minimum de 100.000 euros par investisseur,
- si la valeur nominale des actions est d'au moins 100.000 euros,

33 BUCK-HEEB (Petra), Kapitalmarktrecht, C.F. Müller, 2011, § 158 et s.
34 KLÖHN (Lars) et HORNUF (Lars), « *Crowdinvesting* in Deutschland », op. cit., p. 249.
35 « Rupert Scholz » BGH-Urteil, ZBB 2012, p. 137, § 21.
36 BUCK-HEEB (Petra), Kapitalmarktrecht, op. cit., § 158 et s.
37 Ibid., § 162.
38 Ibid., § 163.
39 Ibid., § 165.

- si la totalité de l'émission représente une somme inférieure ou égale à 100.000 euros, calculée pour une durée de 12 mois.

Ainsi, ces exceptions permettent de passer outre la publication d'un prospectus. Il convient de se demander si elles sont applicables au financement participatif. Il est évident que les investisseurs qui passent par des plateformes de *crowdfunding* ne sont pas des investisseurs qualifiés, que l'achat de titres à partir de 100.000 euros par personne n'est pas non plus envisageable, puisque ces investisseurs ne mettent souvent en jeu que de petites sommes. En outre, les entreprises qui émettront des titres ne souhaiteront pas se contenter de moins 150 investisseurs, par peur de ne pas réunir suffisamment de fonds. Par conséquent, il semble impossible pour les entreprises allemandes souhaitant émettre des titres via des plateformes de *crowdfunding* d'échapper à la publication d'un prospectus d'après la *Wertpapierprospektgesetz*. Le risque pour elles, si elles ne le publient pas, est d'encourir l'obligation de reprendre les titres aux investisseurs et de les leur rembourser. Elles pourraient en sus être redevables des coûts liés à leurs achats, comme ceux engendrés par l'intervention d'un conseiller en investissement, ou enocre les frais bancaires de virement, ou les intérêts échus et payés pour financer leurs investissements. Tous ces coûts consitutent un gros risque pour les sociétés émettrices qui ne devraient pas prendre l'obligation de publication d'un prospectus à la légère.

Toutefois, il ne faut pas oublier que cette obligation de rédaction d'un prospectus correspond avant tout à une volonté européenne de protéger les investisseurs afin de maintenir le niveau des souscriptions investies. En effet, l'ensemble des règles observées ici protègent les investisseurs des risques de perte de leur argent (monopole des services de paiement – agrément nécessaire), d'insolvabilité de leurs créanciers et banquiers (monopole bancaire et dotation en fonds propres) et enfin des entreprises aux intentions frauduleuses en obligeant celles-ci à publier un prospectus informatif, et en utilisant en intermédiation des plateformes agréées. Ces protections et barrières apportées de manière unificatrice par l'Union européenne sont un véritable bouclier, solide, contre les abus de la finance, à l'image de ceux observés à la suite de la crise des *subprimes* de 2008.

En revanche, la question se pose de savoir si ces barrières ne sont pas trop lourdes et même infranchissables pour le *crowdfunding* ! En effet, le marché du financement participatif représente pour le moment de faibles sommes et il convient de se demander si une telle régulation ne va pas simplement tuer le *crowdfunding* en l'empêchant de faire ce pour quoi il a été créé : être en marge du système de financement classique. S'il convient de lui appliquer les mêmes règles que celles applicables aux marchés conventionnels, alors il est appelé à se heurter aux mêmes difficultés et à ne plus apporter ses solutions.

Nous avons pu observer que l'ordonnance française du 30 mai 2014 est venue assouplir le cadre réglementaire concernant les éléments susmentionnés, et qu'elle a dès lors tenté de favoriser l'essor du *crowdfunding*. Mais le gouvernement français, en souhaitant donner un cadre juridique au financement participatif, ne va-t-il pas imposer un cadre à un type de financement qui avait ceci d'extraordinaire que de pouvoir « se faufiler » dans la réglementation ? Les plateformes qui vont avoir besoin d'agréments, tant pour les services de paiement, que pour le conseil en investissement, sont-elles prêtes à faire face à ces obligations ? Les investisseurs doivent-ils être tant protégés par les institutions ou doivent-ils agir à leurs propres risques ? L'Allemagne a décidé de « fermer les yeux » pour le moment et adopte une position de latence, afin d'observer si les résultats obtenus par ses pays voisins sont probants. Elle a déjà su moderniser sa réglementation en 2012 et il ne faut pas douter qu'elle saura réagir rapidement si besoin en était en la matière. Ainsi convient-il dès à présent de s'intéresser à la protection réservée aux investisseurs en *crowdfunding* afin de connaître les risques liés à cette méthode de financement, mais également de voir quelles créations législatives sont intervenues ou pourraient intervenir pour protéger davantage (mieux ?) les investisseurs en financement participatif.

III – PROTECTION DES INVESTISSEURS

Il est *prima facie* important de noter que les plateformes de *crowdfunding* ont une tendance certaine à se spécialiser dans un type d'investissement particulier afin de toucher un public cohérent d'investisseurs qui présentent le même profil. Elles se spécialisent particulièrement selon les types d'entreprises à financer[40]. Ainsi, la plateforme Gründerplus en Allemagne est dédiée entièrement au financement des entreprises liées au E-Commerce, la plateforme française MyMajorCompany faisant quant à elle office de leader en matière de mécénat artistique.

Cette spécialisation des plateformes inspire une certaine de confiance à l'investisseur qui se trouve face à un spécialiste, un expert du financement participatif dans tel ou tel domaine. Ce qui laisse à supposer que les projets choisis présentent un certain caractère de solidité, et qu'ils peuvent être voués à une réussite commerciale future.

Face à des projets similaires, la plateforme est amenée à fournir des prestations complémentaires et sérieuses, telles que le choix précis des projets qui seront financés et qui présentent des caractéristiques de sérieux[41]. Ainsi, elles auront la possibilité d'émettre des pactes d'actionnaires semblables pour les entreprises du même marché, qui présentent les mêmes caractères.

Prenons l'exemple du financement d'une boulangerie locale. Celle-ci aura pour but d'ouvrir au plus vite afin de permettre au futur boulanger de rapidement réaliser un chiffre d'affaire et dès lors d'être en mesure de donner aux investisseurs les retours nécessaires à leur investissement. *A contrario*, l'investisseur qui souhaite investir dans des projets de parcs éoliens doit avoir conscience que ceux-ci ne sont rentables qu'à long terme, après une période de détermination du projet et obtention des permis variant de cinq à sept ans. Ainsi, tant les projets financés que les investisseurs qui y sont liés présentent des caractères de similitude entre eux, qui permettent aux plateformes d'être plus efficaces, tant concernant les por-

---

40 KLÖHN (Lars) et HORNUF (Lars), « *Crowdinvesting* in Deutschland », op. cit., p. 245.
41 Ibid.

teurs de projet qui souhaitent obtenir un financement rapide, que les investisseurs qui souhaitent miser sur des projets viables, et qui fournissent une certaine sécurité. Ainsi, le caractère « avisé » de l'investisseur porte à croire qu'il sait ce dans quoi il investit, et l'objet de la mobilisation de ses fonds.

Pour autant, est-ce que même l'investisseur-particulier avisé et connaisseur en la matière doit être laissé sans protection ? Il ne revêtira pas la qualité de professionnel et devrait dès lors bénéficier d'une protection particulière si on suit l'évolution du droit de la consommation en Europe de manière récente. Le même type de protection doit il se démocratiser dans la protection des petits investisseurs ? Le risque n'est-il pas une composante inhérente au fait d'investir ? Doit-on chercher à obtenir le risque zéro pour l'investisseur ? Ceci ne risque-t-il pas de tuer le *crowdfunding* dans l'œuf, en apportant une sécurité qui existait déjà sur les marchés financiers classiques et rapprochant ainsi le financement participatif de la finance traditionnelle ?

A – Règles classiques

Les types de *crowdfunding* que nous avons pu étudier précédemment (cf. supra I), amènent, selon leurs types, des moyens de protection des investisseurs en financements participatifs différents. En effet, les modèles de financement participatif diffèrent, et les solutions pour protéger les investissements y liés également. La législation afférente aux différents moyens de financement varie tant en France qu'en Allemagne selon le type de levée de fonds concerné. Ainsi, il convient de distinguer les règles applicables au *crowdfunding* qui relèvent du droit commun et celles qui se rapportent au droit des affaires.

Le *donation model* (*Schenkungsmodell*, don) ne fait pas l'objet d'une réglementation particulière afin de protéger l'investisseur. Ceci est inhérent à la forme même que prend ce financement, puisque la personne qui réalise un don ne souhaite, en toute logique, évidemment pas récupérer l'argent qu'il a donné pour le projet. Le porteur de projet lui, pourra, conformément aux articles 931 et suivants, ainsi que 1134 c.civ. relatif à tout contrat, et au § 561 BGB, exiger la remise de la chose (de la somme) promise, sans contrepartie financière de la part de l'autre partie. En effet, le don étant un contrat classique, il fait peser sur la partie donatrice des obligations, en particulier la remise de la chose au donataire.

Ce modèle de financement participatif, bien que représentant aujourd'hui la majorité du volume des sommes versées sur les plateformes de *crowdfunding*, ne doit pas faire l'objet d'une attention particulière puisque sa construction simple, tant économiquement que juridiquement, ne saurait obliger les législateurs nationaux ou communautaires à s'y intéresser. Ceci est en particulier dû à l'absence de volonté de contrepartie de la part du donateur qui souhaite simplement réaliser une bonne action en finançant un projet qu'il estime louable.

La forme de financement la plus proche historiquement du modèle basé sur le don est celle de la prévente. En effet, on estime aujourd'hui sur le plan économique que ces deux formes de financement participatif sont très proches, puisque l'objet (*reward*) que va recevoir le donateur tend à être plus considéré comme un échange plutôt qu'une prévente. En effet, le seul but de ces cadeaux donnés par le porteur de projet est d'inciter « l'investisseur » (si tant est, au vu de ce qui précède, qu'on puisse le nommer ainsi) à réaliser son don. Pour autant, sur le plan juridique, cette récompense est en fait une obligation pesant sur le porteur de projet de remettre la chose en échange de la prestation fournie par l'investisseur, à savoir le versement d'une somme d'argent. Dès lors, les dispositions classiques applicables au droit de la vente sont applicables. Ainsi, les articles 1582 et suivants du Code civil ainsi que 433 ff. BGB sont applicables à ces conventions. Ils obligeront « l'acheteur » au paiement de la somme due et « le vendeur » à livrer la chose promise.

L'acheteur se trouvera alors protégé dans son « investissement » puisqu'il est assuré par le droit civil de recevoir la chose en échange de laquelle il a souhaité réaliser son don. Même si le droit applicable était celui relatif à l'échange, celui-ci reste également dans une constellation contractuelle et les articles 1702 à 1707 du Code civil protègeront les parties qui effectueront l'échange.

Le Code civil allemand, BGB, précise à son § 480 que les dispositions applicables à la vente (paragraphes 433 et s. du BGB) régissent également l'échange. Il est par conséquent plus qu'évident que les deux régimes (vente et échange) sont à assimiler et dès lors à ne pas différencier. Ce sont les mêmes obligations qui sont par voie de conséquence imposées aux parties prenantes au contrat.

Ainsi, quelles que soient les formes prises par le *crowdfunding* dans ses formes les plus classiques où le droit commun trouve application, les obligations des parties sont clairement définies et faiblement contraignantes. Ces formes ne posent pas de problèmes juridiques particuliers et il convient alors de ne pas s'y intéresser outre mesure, puisqu'elles restent sur des chemins battus et plus largement connus de tout un chacun. En outre, les faibles montants engagés dans ces types de financement (non pas en volume mais par opération de valeur nominale) et les faibles risques par conséquent y liés, démontrent le peu d'intérêt à accorder aux investisseurs qui pratiquent le financement participatif sous cette forme.

Il existe en revanche un risque réel pour les personnes accordant des prêts non rémunérés aux porteurs de projet. Ces risques se retrouvent à plusieurs niveaux. En effet, le risque premier pour la personne possédant de la trésorerie et souhaitant en faire bénéficier un projet entrepreneurial via internet est que la plateforme par laquelle elle va effectuer ce prêt soit de mauvaise foi. Plus précisément, face à l'engouement observé et lié au *crowdfunding*, le risque de voir des personnes mal intentionnées venir se positionner sur internet, espace libre et accessible à chacun, est grand. Celles-ci pourront alors prétendre vouloir jouer un rôle d'intermédiaire entre le prêteur et le porteur de projet, mais ne seront en réalité que des escrocs qui se serviront de l'anonymat cher à internet pour agir. Elles se préoccuperont de faire disparaître les fonds et ni l'investisseur ni le porteur de projet ne sauront ce qu'est devenu cet argent. Pour peu que ces plateformes soient basées dans des pays qui ne pratiquent aucune coopération administrative ou judiciaire, toute action à l'encontre de la plateforme ne concourra à aucun résultat probant pour l'investisseur souhaitant récupérer sa mise. Le risque de voir l'argent disparaître est alors assez grand et c'est pourquoi l'ordonnance française apporte également des réponses à ce problème en instaurant la nécessité d'un agrément pour pouvoir effectuer des services de paiement (cf. supra II). Ainsi, les investisseurs seront protégés lorsqu'ils mettront de l'argent à disposition des entreprises, puisque la plateforme aura eu besoin d'un agrément décerné par l'AMF en France venant attester du sérieux desdites plateformes (Art 16 de l'ordonnance). L'AMF sera dès lors la « caution », le garant de l'absence de risques liés à un investissement via une plateforme de *crowdfunding* agrémentée.

Bien entendu, cette solution ne saurait trouver son pendant en Allemagne, puisque celle-ci n'a pas encore souhaité légiférer concernant le financement participatif. Les investisseurs doivent alors se référer aux règles classiques applicables aux intermédiaires en financement, alors même que les plateformes de *crowdfunding* font leur possible pour ne pas tomber sous le joug de la régulation classique. Par conséquent, il semble probable que la protection apportée aux investisseurs allemands soit à considérer objectivement comme forte, puisque les règles applicables aux institutions classiques de la finance sont applicables (cf. supra II). Mais une étude précise et factuelle doit laisser apparaître quelques brèches dans cette protection puisque le statut des plateformes n'est pas clairement défini. Ainsi, il sera compliqué de savoir quel est le droit applicable à ce type de financement alternatif, si ce n'est le droit commun, peu protecteur vis-à-vis de l'honorabilité[42] des portails internet.

Le second risque pour les investisseurs est de ne jamais être remboursé de leur prêt[43]. En effet, que celui-ci soit à titre rémunéré ou non, l'investisseur qui va prêter de l'argent à une entreprise nouvellement créée ou en création, peut être confronté à son manque d'honorabilité première et à son insolvabilité future. L'entreprise n'exerce en général encore aucune activité au moment de son financement via internet et le risque lié à un échec commercial est grand. Il fait néanmoins partie de tout risque afférent aux investissements, et ne saurait dès lors être pleinement garanti, ni par le porteur de projet ni par la plateforme. Mais encore une fois, le risque réel est bien celui lié au manque de bonne foi de l'entreprise. Ainsi, celle-ci pourrait se faire passer pour une entité honorable et en réalité n'avoir pour seul dessein que de récupérer des sommes

42 ROUSILLE (Myriam), « 3 Questions: Le *Crowdfunding* », op. cit., p. 2195.
43 Ibid.

d'agent importantes avant de se volatiliser avec l'argent. Le *crowdfunding* n'a jusqu'à maintenant fait l'objet que de peu de situations semblables, mais il n'est pas impossible que cette situation voie le jour. Un seul cas de litige a été enregistré aux Etats-Unis où les initiatives de *crowdfunding* font contingent. Il concerne une start-up qui devait produire en masse des lunettes de haute technologie avec caméra intégrée (la société Zeyez).

Seulement, bien qu'ayant levé plus de 300.000 dollars, la société n'a toujours pas donné de signe de vie et aucune activité industrielle n'est enregistrée concernant la production des lunettes susmentionnées. Les investisseurs se retrouvent dès lors sur la touche, car ils ne savent pas où se situe leur argent et l'entreprise ne communique absolument pas avec eux afin de les informer de la situation. Tout porte à croire que les prêteurs de Kickstarter ont fait l'objet d'une arnaque savamment orchestrée, alors que Kickstarter est considéré comme une référence aux Etats-Unis en matière de financement participatif. Il faut relever que ces arnaques ne sont que très marginales et que l'aspect humain, caritatif, bienveillant et personnalisé, lié au financement participatif sur internet, prime sur toute volonté mal intentionnée. De nombreux projets ont vu le jour sans heurts et avec beaucoup de satisfaction pour l'ensemble des parties y ayant pris part.

Pour autant, une réponse est apportée en France par l'ordonnance du 30 mai 2014. Le nouvel article L.548-6 al. 11 CMF (article 17 de l'ordonnance) a fait naître une obligation de suivi des opérations à l'encontre de l'intermédiaire en financement participatif qui réalise des opérations de don ou de prêt, à titre onéreux ou non. Ce suivi des opérations est à prévoir « jusqu'à leur terme ». Ainsi, l'intermédiaire en financement participatif est dans l'obligation de veiller au bon déroulement des opérations et à leur bonne gestion jusqu'à la fin du processus. Afin de permettre aux plateformes de *crowdfunding* de pouvoir par elles-mêmes préjuger des entreprises candidates au financement participatif ainsi qu'à leurs projets, les plateformes auront, au titre de l'article 19 de l'ordonnance, accès au fichier bancaire des entreprises, FIBEN, afin de pouvoir s'assurer de la sécurité liée au financement des entreprises concernées[44]. Si ces entreprises commettent des erreurs, de manière volontaire ou non, dans la transmission de ces informations, et quant à leurs exactitudes, elles verront leurs responsabilités engagées, conformément au nouvel article L.548-1 CMF (article 17 de l'ordonnance).

L'ordonnance française, en son article 15, n'autorise qu'un seul prêt (« dans la limite d'un prêt par projet ») par investisseur pour un projet. Ainsi, la diversification du portefeuille des investisseurs n'est pas seulement conseillée, elle est légalement définie et obligatoire. Le montant étant lui aussi (dans le futur) déterminé par décret en Conseil d'Etat, l'investisseur sera protégé en ne pouvant pas prêter de sommes trop importantes et répétitives au même projet. La diversification est l'un des outils disponibles afin d'empêcher le surendettement des particuliers, puisque par son mécanisme simple, les produits éventuellement toxiques ne représenteront qu'une partie faible du portefeuille d'investissement du particulier. En cas de faillite de la société financée, le particulier ne perdra dès lors pas l'ensemble de ses économies investies sur un seul projet, mais seulement une petite partie d'entre elles. Ceci contribue à la protection *ipso facto* des investisseurs en les enjoignant de ne pas mobiliser leurs économies sur un produit unique.

En outre, les plateformes doivent fournir aux investisseurs toute une série d'informations concernant les projets, les taux des prêts, etc. (article 17 l'ordonnance / futur article L.548-6). Elles doivent également mettre en garde les investisseurs sur les risques liés au financement de ces projets, et notamment sur la prudence concernant le surendettement des porteurs de projet et des risques de défaillance de ces derniers. Selon l'article 17 de l'ordonnance et la création du nouvel article L.548-6 8°, les plateformes auront pour obligation de rédiger des « contrat[s] type[s] permettant de formaliser les conditions du financement dont les modalités de présentation et les mentions obligatoires sont fixées par décret en Conseil d'Etat ». Ceci aura pour effet de créer un cadre juridique stable dans le contexte de l'octroi de prêts par des particuliers via des plateformes de *crowdfunding* et contribuera à la protection des investisseurs afin

[44] NOTTE (Gérard), «Financement participatif («*crowdfunding*»). Ord. n° 2014-539, 30 mai 2014», op. cit., act. 417.

de ne pas voir naître des contrats qui méconnaîtraient leurs droits et créeraient un déséquilibre notoire entre les parties. Le Conseil d'Etat étant amené à en fixer les conditions et termes, ce contrat procurera une grande sécurité à l'investisseur.

L'investisseur dispose alors d'une vision des plus larges et des plus complètes concernant ces projets et est alors à considérer comme averti, et pleinement en mesure de déterminer s'il souhaite investir dans la société qui cherche à se financer ou non. On pourrait difficilement imaginer une protection plus forte pour l'investisseur, bien que d'autres voies eussent pu être explorées (cf. infra conclusion).

En Allemagne, à défaut de réglementation particulière, il convient d'observer les règles de droit commun applicables. En conséquence, les dispositions des paragraphes 488 et s. du BGB sont applicables. A savoir, l'obligation pour le preneur de rembourser la somme à son échéance et de payer les intérêts y afférents. Mais ces dispositions légales ne sont pas plus protectrices que celles du droit commun français en l'occurrence, puisque les mêmes risques de disparitions et d'arnaques de la part des preneurs de prêt existent. Les investisseurs allemands ne disposeront alors comme protection supplémentaire que d'une aide d'ordre institutionnel. En effet, comme nous avons pu l'observer auparavant, les plateformes de *crowdfunding* pourraient rentrer dans la catégorie des *Vermögensanleger*, conseillers en investissement, et seraient dès lors soumises à la surveillance de la *Gewerbeaufsicht* en vertu de la VermAnlG (cf. supra II). Cette instance se charge de la surveillance des acteurs de droit commun, non soumis à la WpHG et à la sanction de la BaFin, puisque ne réalisant aucune opération en relation avec des titres financiers. Mais cette institution a des pouvoirs plus limités que la BaFin, et il n'est d'ailleurs absolument pas certain que les plateformes de financement participatif tombent sous le joug de cette régulation. En raison de l'absence de législation allemande, il apparaît compliqué de se prononcer clairement en direction d'une solution unique. Ce qui semble cependant évident, c'est que le législateur allemand souhaite se contenter des règles présentement applicables. Comme nous l'avons d'ores et déjà évoqué, ces règles sont très protectrices des particuliers et ce pourrait être une sage décision afin de conférer à l'investisseur une très grande sécurité. Le problème repose également dans le fait que l'application stricte de ces règles rendrait illégal le fonctionnement du *crowdfunding*, ce que cherche malgré tout à empêcher le législateur allemand. Celui-ci sera alors confronté à ses propres limites, puisque l'absence de réglementation a ses vertus mais également ses inconvénients.

Ainsi, l'ensemble de ces obligations, tant françaises qu'allemandes, tentent de répondre au besoin de protections à accorder aux investisseurs en financement participatif. L'ordonnance française crée un cadre juridique strict et fait peser tant sur les porteurs de projets que sur les plateformes internet de nombreuses obligations d'honorabilité, solvabilité et compétences notamment. Le droit commun allemand est objectivement très protecteur mais ne saurait être appliqué directement et *stricto sensu*. Ainsi, les investisseurs allemands pourraient se retrouver dans des situations juridiques compliquées. Mais il convient également de s'intéresser aux règles qui vont venir s'appliquer aux modèles de *crowdfunding* liés aux différents droits spéciaux des affaires.

B – Règles applicables en droit bancaire et des affaires

Bien que le prêt rémunéré ait fait l'objet d'une étude comme modèle de droit des affaires en première partie (cf. supra I.), il convenait de le lier au prêt non rémunéré en III. a. puisque ce sont les mêmes difficultés qui apparaissent vis-à-vis de la protection des investisseurs. En effet, le seul changement étant l'application de taux d'intérêts, le risque de ne pas être remboursé du principal est le même, si ce n'est supérieur au risque de ne pas retirer de gain de l'octroi de ce prêt. Dès lors, il convient de ne pas s'intéresser au prêt à titre onéreux ici, puisque les problèmes posés sont exactement les mêmes. Pour preuve, l'ordonnance française apporte exactement les mêmes solutions (cf. supra III. a.) pour le prêt à titre onéreux que pour le prêt gratuit, à savoir les obligations de suivi des opérations, d'information du prêteur etc.

Le risque réel ici est lié à l'achat de titres financiers émis par la société souhaitant se financer. En effet, le risque pour l'investisseur qui achète des actions ou obligations émises par la société est de perdre purement et simplement sa souscription au capital de cette société[45]. En effet, en sus de l'éventuelle mauvaise foi des plateformes que nous avons évoquée, il serait également envisageable que la société cherche à se financer frauduleusement et disparaisse avec les fonds récoltés sur internet ou encore qu'elle présente un projet absolument non viable. Cette dernière option est à envisager comme un risque que doit supporter chaque investisseur puisqu'il est inhérent à la notion même d'investissement qui ne saurait présenter une sécurité à 100 %. L'ordonnance française essaye de pallier à ces risques en créant de nouvelles dispositions y relatives.

Cette éventualité est en partie couverte par un code de bonne conduite [46](art. 1er de l'ordonnance), qui contient entre autres une obligation de mise en garde qui pèse sur le conseiller en investissement participatif à l'article L.547-9 5° CMF nouvellement créé à cet article 1er de l'ordonnance du 30 mai 2014, puisque lesdits conseillers doivent prévenir les investisseurs des risques auxquels ils s'exposent. Ils doivent également se doter de moyens afin de mettre en place une politique de détermination de la volonté du client, de par la mesure de son portefeuille, de ses rendements attendus, en somme de vérifier que « l'offre proposée est adaptée à [sa] situation » (Art L.547-9 6° CMF).

Ainsi, l'investisseur est protégé en ce que tout est fait pour lui éviter des investissements toxiques ou non appropriés à ce qu'il recherche. Evidemment, le but est de faire du *crowdfunding* un outil de financement propre et net, qui ne laisse que peu de place à la spéculation financière et qui sera un moyen sûr de développer une activité ainsi que de placer son épargne.

Nous avons pu observer précédemment que beaucoup de règles de droit commun plus classiques viennent protéger les investisseurs en marge des règles créées par l'ordonnance française. Mais qu'en est-il des droits classiques liés à tout achat de participations dans une société ? En effet, l'achat de titres financiers sous forme d'actions émises par une société amène pour l'investisseur un ensemble de droits. Par exemple, les ac-

45 ROUSILLE (Myriam), « 3 Questions: Le *Crowdfunding* », op. cit., p. 2195.

46 NOTTE (Gérard), «Financement participatif («*crowdfunding*»). Ord. n° 2014-539, 30 mai 2014», op. cit., act. 417.

tionnaires sont particulièrement attentifs aux droits financiers, c'est-à-dire à la participation aux bénéfices via le versement de dividendes par la société (article L.232-11 c.com.), ou encore aux droits politiques tels que le droit de vote aux assemblées générales (Art. 1844 c.civ., L.225-96 et suivants c.com.), le droit à l'information (Art. 1855 c.civ.), dont bénéficie l'actionnaire afin de savoir comment est gérée la société.

La question qui se pose est de savoir si ces droits vont être respectés dans le cadre d'un financement de société par le système du *crowdfunding*, et si, également, la société qui lève des fonds grâce au financement participatif souhaite voir entrer dans son capital (avec les conséquences susnommées) des dizaines d'actionnaires qui pourraient faire un usage trop fréquent de leurs droits d'information par exemple et ainsi paralyser la vie de la société. Imaginons que la société qui a réussi à se financer l'ait fait avec le concours de 1500 investisseurs différents ayant chacun déposé de petits montants, il sera compliqué pour elle de réunir des assemblées générales, d'informer chacun du bon déroulé du business plan, etc…

Ainsi, de nombreux montages de sociétés ont été créés pour empêcher ces dysfonctionnements, par l'interposition de société holding ayant pour objet de détenir la société qui exercera l'activité commerciale ou industrielle réelle. Ainsi, les actionnaires ne disposeront que de droits dans la société holding et non directement dans la société portant le projet entrepreneurial, ce qui aurait pour conséquence de les priver de certains droits naturels et inhérents à toute prise de participation.

Comme l'a précisé, à l'occasion du colloque dont les actes font l'objet de la présente publication, Me De Pellegars, qui a participé à la rédaction de l'ordonnance française du 30 mai 2014, cette dernière a été pensée par des avocats et des juristes, qui ont pu dès lors mettre au service du législateur leurs connaissances pratiques. En effet, ces montages avec des sociétés interposées sont courants dans la pratique et il était évident que le *crowdfunding* ne ferait pas office d'exception en la matière. C'est pourquoi l'ordonnance française a expressément prévu, en son article 5 portant création de l'article L.533-22-3 CMF, que les conseillers en investissement participatif se doivent de vérifier que lorsque leurs clients ont investi dans une société qui « a pour objet de détenir des participations dans une autre société, [que] leurs intérêts ne sont pas lésés et qu'ils disposent de toutes les informations nécessaires à l'appréciation de leur investissement, notamment qu'ils sont, le cas échéant, destinataires du rapport du commissaire aux comptes aux associés approuvant les comptes ». Ainsi, l'ordonnance française a directement ciblé les cas de sociétés qui ne seraient qu'un écran entre les investisseurs et le projet entrepreneurial. Le législateur fait peser sur les conseillers en investissement participatif qui proposent des titres financiers une obligation supplémentaire quant à l'honorabilité et à la bonne gestion des opérations face à leurs clients.

Les plateformes devront dès lors assumer une obligation préventive supplémentaire, en particulier celle de l'accès aux comptes de la société qui réalise l'activité financée. Cet accès aurait pu s'avérer particulièrement compliqué sans cette disposition[47], puisque les actionnaires de la société holding sont *ipso facto* actionnaires seulement dans cette société et non dans celle qui porte le projet. L'ordonnance française a donc encore une fois réglé un problème qui aurait potentiellement pu survenir en créant une obligation à charge des portails internet.

En Allemagne, des règles similaires aux dispositions classiques françaises de droit des sociétés existent bien évidemment. Ainsi, les paragraphes 716 du BGB, 51a GmbHG, 131AktG confèrent aux actionnaires de sociétés, soient elles des GmbH ou AG, des droits de contrôle ou d'information (*Kontrollrecht / Auskunftsrecht*). Ainsi les actionnaires de sociétés allemandes rencontrent en soit les mêmes protections que les actionnaires français, à savoir un droit de regard et d'information quant aux affaires et à la comptabilité de la société. Il en va de même pour toute société qu'elle soit fiinancée de manière participative ou non. Or, nous avons évoqué la détention de titres dans des sociétés de participation, qui pourrait elle aussi avoir lieu en Allemagne, ce type de structuration de groupe existant de chaque côté du Rhin. Mais ni le législateur allemand ni le gouvernement fédéral n'ont souhaité prendre de quelconques dispositions en la matière et il n'existe donc pas de normes nouvelles et spé-

---

[47] KLÖHN (Lars) et HORNUF (Lars), « *Crowdinvesting* in Deutschland », op. cit., p. 243.

ciales concernant le *crowdfunding*. Les actionnaires qui ont acheté leurs titres via les portails internet bénéficieront donc des règles de protection classiques, liées à tout actionnariat. Ces dispositions sont évidemment protectrices et adaptées à la protection des investisseurs classiques, mais particulièrement inadéquates au financement participatif, puisqu'en toute logique, les règles classiques sont à appliquer à des constellations sociétaires et entrepreneuriales classiques.

Le financement participatif représente *a contrario* un mode de financement alternatif, en marge du système. Que ce soit en France ou en Allemagne, il faut tout de même prendre en compte que l'achat d'actions soumet les investisseurs à un pacte d'actionnaire. Celui-ci prend évidemment une forme contractuelle. Dès lors, des changements peuvent y être apportés par le biais de clauses qui viendraient réduire les droits des actionnaires, qu'ils soient financiers, politiques ou patrimoniaux. On peut alors imaginer la création de classes d'actions pour les sociétés, qui n'émettraient sur le marché du financement participatif que des actions emportant des droits financiers mais aucun droit politique, ou qui confèreraient à certains actionnaires des droits financiers plus importants, ou dont la distribution des dividendes serait soumise à des conditions de durée de détention, etc. On pourrait également envisager une situation dans laquelle la rémunération des titres financiers achetés par les investisseurs serait fixe et plutôt basse, que les bénéfices dégagés par la société soient importants ou non. Mais ceci ne devrait pas faire l'objet d'une protection particulière, si ce n'est celle d'une information obligatoire, préalable à l'achat des titres, car une fois que l'investisseur a pu déterminer ce dans quoi il investissait, et qu'il s'est décidé à réaliser son investissement sociétaire, il serait paradoxal de lui conférer des droits auxquels il n'a pas expressément souhaité souscrire. En marge du système légal et réglementaire, il semblerait donc primordial de s'intéresser à des facteurs plus subjectifs et personnels, liés à la personne et à la volonté même des investisseurs de placer leur argent dans des produits plus ou moins sécurisés.

CONCLUSION

Face au développement exponentiel du marché du financement participatif, de nombreux acteurs sont amenés à se positionner sur ce marché. En premier lieux les entreprises / porteurs de projet et les investisseurs bien entendu. Mais les institutions étatiques auront également leur rôle à jouer. En effet, comme nous avons pu l'observer, la situation juridique liée au *crowdfunding* est plutôt floue et lacunaire, ce qui pourrait engendrer des contentieux dans le cadre des financements via internet. La France a fait le pari de légiférer rapidement après les premiers balbutiements et succès du financement participatif, tandis que l'Allemagne préfère adopter une position d'immobilisme et de diagnostic de la situation. Il convient ici de s'interroger sur la nécessité réelle de légiférer et, si ce besoin de réglementation se fait sentir, dans quel sens.

En effet, nous avons pu observer que de nombreuses barrières existantes pouvaient freiner le développement du *crowdfunding*, demain si nécessaire au financement des entreprises et des projets entrepreneurials. Ainsi, les réglementations en vigueur et les monopoles régissant le marché financier, qui sont les mêmes dans chaque pays de l'Union européenne, faisaient entrer le financement participatif dans l'illégalité. Le principe même du *crowdfunding* est précisément de rester en dehors du marché classique, mais il apparaît évident que les plateformes de levée de fonds ne pourront pas indéfiniment se positionner comme des électrons libres. En effet, la réception de fonds et l'octroi via internet de prêts entraient en opposition avec les monopoles susmentionnés (cf. supra II). Ces monopoles qui existent ont été établis, afin de protéger à la fois les particuliers et épargnants, et le monde de la finance lui-même. La question qui se pose est de savoir si le *crowdfunding* a besoin des mêmes protections.

Si l'on considère que les investisseurs « 2.0 » sont des investisseurs au même titre que ceux qui passent par les marchés classiques, alors oui, il convient de les protéger de la même façon. Les études de profils des investisseurs en *crowdfunding* réalisées par les plateformes tendent à établir le profil type suivant : les investisseurs sont des hommes à 93,7%, âgés de

39 ans en moyenne[48]. Ces investisseurs masculins sont majoritairement de profession indépendante, instruits, et appartiennent à une catégorie sociale dite « classe moyenne supérieure »[49]. Ils déclarent avoir déjà possédé des actions ou autres titres financiers et avoir des connaissances dans la gestion d'un patrimoine immobilier pour la plupart[50]. Leurs connaissances relatives du monde de la finance leur permettent également d'envisager une forte diversification de leur portefeuille[51]. Par ailleurs, 95% des investisseurs mettent leur épargne à disposition d'une société dans les 4 mois après leur inscription à une plateforme de financement participatif, et 24% des mêmes investisseurs financent même rapidement deux sociétés émettrices de titres. Ils ont donc une réelle connaissance du marché et de la nécessité de diversification de leur portefeuille.

Ainsi, il existe une interrogation réelle quant à la nécessité impérieuse de protéger ces investisseurs. S'ils ont l'habitude de prendre des risques avec leur épargne en investissant sur les marchés classiques, leur approche devrait rester sécurisée sur les marchés du financement participatif et ils ne devraient pas bénéficier dès lors de protections qui outrepasseraient celles accordées aux investisseurs dits « classiques ». Mais le public qui rejoint le monde du *crowdfunding* a tendance à s'élargir et celui-ci se destine tout particulièrement à cette nouvelle masse de petits apporteurs de fonds. En effet, il ne faut pas nécessairement disposer de grandes sommes d'argent pour investir sur des plateformes comme Kickstarter ou KissKissBankBank pour ne citer qu'elles. Certains projets se financent dès 1 euro (ou dollar) par investisseur et ceci est donc à la portée de tout un chacun. Et c'est cet investisseur indifférencié, non « qualifié »[52], ce « Monsieur tout le monde » qui souhaite investir dans une économie

---

48 KLÖHN (Lars) et HORNUF (Lars), « *Crowdinvesting* in Deutschland », op. cit., p. 244.

49 Ibid.

50 Ibid.

51 Ibid.

52 L'investisseur qualifié et enregistré comme tel ne bénéficie d'ores et déjà pas des mêmes conditions de protection. Comme nous avons pu l'étudier, les offres de titres au public qui ne sont destinées qu'à des investisseurs qualifiés ne font pas nécessairement l'objet de la rédaction d'un prospectus d'information (cf. supra II. c.).

qui répond à la recherche d'un but altruiste[53], plus « solidaire » que celle classique liée au monde traditionnel de la finance qui va plus particulièrement faire l'objet de protection. Bien que les nouvelles obligations créées par l'ordonnance française du 30 mai 2014 ne se dirigent pas que vers les investisseurs non qualifiés, il est clair qu'en marge des allègements administratifs pour les plateformes, le reste des normes est très protecteur pour les investisseurs. Ainsi, les plateformes de *crowdfunding* vont faire l'objet de nombreuses obligations, notamment de compétence, transparence et bonne conduite envers leurs clients, à l'instar des obligations qui pèsent nouvellement sur elles, telles que le devoir d'information, de politique de gestion des conflits d'intérêts, d'adaptation de l'offre au client, de nécessité de souscrire à une assurance professionnelle, qui, même si les conditions y afférentes ne sont pas encore connues, devrait être très onéreuse, etc. Ces obligations sont donc très nombreuses et protectrices pour les investisseurs, ce qui devrait les rassurer.

Mais paradoxalement, il convient de se poser la question si la création de toutes ces nouvelles normes ne pourrait pas venir considérablement freiner l'essor du *crowdfunding* en France, plutôt que de le favoriser comme le souhaite le gouvernement français. En effet, c'est face aux nombreuses et étouffantes obligations qui pesaient sur les banques classiques, qu'investisseurs et porteurs de projets ont développé ce système, en marge du cadre traditionnel[54]. Certaines obligations, telles celles liées à la lutte contre le blanchiment d'argent et contre le terrorisme (art. 21 de l'ordonnance) ne sauraient véritablement peser sur les plateformes. Le volume marchand et la valeur unitaire des sommes mises en jeu ne permettent pas aux plateformes de supporter des coûts aussi importants en matière de politique-KYC (« *Know Your Client* ») et compliance[55]. Le gouvernement français a fait preuve de bonne volonté en rédigeant son ordonnance, mais cette dernière est-elle à la hauteur des enjeux, et surtout, correspond-elle aux besoins du *crowdfunding* ? Les réponses apportées en

53 JANSEN (Jean David) et PFEIFLE (Theresa), « Rechtliche Probleme des *Crowdfundings* », op. cit., p. 1842-1843.

54 ROUSILLE (Myriam), « 3 Questions: Le *Crowdfunding* », op. cit., p. 2195.

55 NOTTE (Gérard), «Financement participatif («*crowdfunding*»). Ord. n° 2014-539, 30 mai 2014», op. cit., act. 417.

matière réglementaire semblent plutôt adaptées, puisqu'il fallait impérieusement créer des dérogations aux monopoles du secteur que sont le monopole des services de paiement et le monopole bancaire. L'adaptation du régime des offres au public de titres financiers permet elle aussi aux entreprises de ne pas voir peser sur elles la rédaction d'un prospectus informatif beaucoup trop lourd et trop coûteux, qui les aurait *de facto* éloignées de ce mode de financement et de tout autre en raison d'une charge économique trop forte.

Mais les nouvelles obligations qui viennent s'ajouter à ce système novateur pourraient également avoir un effet de frein sur le marché du *crowdfunding*. Les conditions strictes d'accès pour les administrateurs à la gestion des plateformes, l'agrément que doit recevoir la plateforme auprès de l'instance nationale qu'est l'AMF, et toute la série de devoirs de suivi et de renseignements qui pèsent sur ces plateformes pourraient bien avoir raison de la création de nouvelles plateformes et donc de développement du marché. En effet, si le processus de création de plateformes internet de *crowdfunding* devenait aussi compliqué en termes de démarches administratives que d'obligations inhérentes à la profession, l'intérêt pour ce mode de financement baisserait fatalement et le marché s'effondrerait.

En outre, afin d'éviter d'éventuelles arnaques par les plateformes et/ou porteurs de projets qui déjoueraient l'attention de l'AMF, des décrets en Conseil d'Etat et des règlements de l'AMF vont venir créer et réglementer des seuils de sommes que les investisseurs vont pouvoir apporter *a maxima* dans un projet. On évoque aujourd'hui un seuil maximal de 250 euros par investisseur et par projet, ainsi qu'une limitation de financement à hauteur de 300.000 euros pour les entreprises[56]. Ces seuils apparaissent comme incroyablement bas face à l'apport de si petites sommes de la part des investisseurs. En effet, prêter 250 euros à une entreprise ou encore prendre des actions à hauteur de 250 euros ne sera, sur le plan marchand, que très peu intéressant. Les taux des prêts sont fortement encadrés et ne sauront dès lors représenter une rentrée d'argent intéressante pour l'investisseur. Quant aux éventuels reversements de bénéfices,

---

56 FORNER-ORDIONI (Elsa), «*Crowdfunding*: l'important, c'est de participer! », op. cit., p.7-8.

qui n'interviendront certainement pas rapidement, ils seront également faibles, puisque le montant des prises de participation l'est lui aussi. Le *crowdfunding* « entrepreneurial » pourrait alors perdre tout intérêt et les investisseurs potentiels pourraient se détourner de ce nouveau type d'investissement s'il ne représente plus un nouveau produit audacieux et intéressant. La question reste dès lors ouverte de savoir si l'ordonnance française n°2014-559 du 30 mai 2014, dans sa volonté de favoriser et développer le marché du financement participatif en France, n'est pas allée trop loin dans la défense qu'elle accorde aux personnes qui souhaitent apporter des fonds et à la protection des investisseurs. Cette éventuelle « exagération » de la protection pourrait dès lors influer sur le marché de manière à stopper son développement. Bien que le financement participatif se soit majoritairement développé en marge du système classique, et malgré les retouches et exonérations apportées à certaines formalités administratives par l'ordonnance, il semblerait que le *crowdfunding* n'aura d'autres choix que de « rentrer dans le rang » et de se soumettre à des obligations réglementaires conséquentes.

La situation est différente en Allemagne et comporte elle aussi son lot d'avantages et d'inconvénients. En effet, l'absence de régulation de la part du gouvernement ou du congrès *Bundestag-Bundesrat* a comme avantage certain de ne pas prendre position. Ainsi, étant donné que le régulateur/législateur est souvent amené à commettre des erreurs de qualification juridique ou de créer un décalage entre la volonté législative et le monde économique, cette position permet de ne pas réaliser d'erreurs. Nous avons pu observer précédemment que l'éventualité d'une législation trop stricte et créant trop de protections en France pourrait éventuellement nuire au développement du *crowdfunding*. L'Allemagne peut dès lors tirer profit de son absence de réglementation par une « autorégulation » du marché. En conséquence, le marché développerait des règles *sui generis*, qui trouveraient leur genèse dans les besoins des investisseurs, des plateformes et des porteurs de projet. Une intervention étatique pourrait conduire à la création de règles inadaptées. Pour autant, il convient de se demander si une faible intervention ne serait tout de même pas nécessaire. Elle n'entrerait pas en conflit frontal avec le mode de fonctionnement « à part » du *crowdfunding*, mais viendrait poser quelques règles élémentaires favorables à la sécurité juridique nécessaire à ce mode de financement. On pourrait par exemple envisager et encourager la création de contrats types (soient-ils de prêts ou sous forme de « pactes d'actionnaires » cadres), qui permettrait aux investisseurs d'opérer toujours selon le même mode. L'usage permettrait alors d'en corriger les clauses non-pertinentes ou celles qui ne seraient pas en phase avec les besoins de ce type de financement. Après tout, l'usage et la coutume sont une source de droit importante pour le droit commercial allemand et cela aboutirait à la création d'un contrat type « idéal » en osmose avec les besoins du marché. Car en effet, il a été relevé que la création d'un contrat standardisé conduit à une meilleure impression subjective et personnelle des plateformes et des porteurs de projets[57]. Un vide juridique mènerait à une certaine insécurité qui pourrait elle aussi mener à des contentieux juridiques et qui auraient pour conséquences de stopper l'investissement par internet si ce marché devenait trop instable et non-sécurisé. Tout ceci est alors question de « dosage » et d'équilibre entre les besoins réels du marché en terme de protection et de sécurité, tout en évitant de créer un cadre sur-réglementé qui n'aura que pour effets de rapprocher le *crowdfunding* des marchés classiques et dès lors, d'en ôter tout intérêt face à la finance traditionnelle.

On pourrait également se demander s'il n'existerait pas d'autres pistes que devraient explorer les institutions régulatrices nationales et/ou européennes. En effet, les obligations de sécurité auraient pu revêtir d'autres formes, comme par exemple l'impérieuse nécessité de ségrégation de l'argent sur les comptes bancaires des plateformes[58] par la création de *side pocket* par exemple. Ainsi, l'argent des investisseurs de chaque projet pourrait être séparé du reste des liquidités de la plateforme, et des *side pocket* dédiées à chaque projet apporteraient une certaine sécurité dans la gestion des fonds reçus. Il est clair que l'ordonnance française a décidé que les plateformes serviraient à canaliser les fonds liquides des investisseurs avant de les retransmettre aux porteurs de projets. Ceci permet par

---

57 MESCHKOWSKI (Alexander) et WILHELMI (Frederike K.), « Investorenschutz im *Crowdinvesting* », op. cit., p. 1411-1412.

58 ROUSILLE (Myriam), « 3 Questions: Le *Crowdfunding* » , op. cit., p. 2195.

ailleurs la conservation des fonds jusqu'à l'obtention totale de la somme requise. Dans le cas où cette somme ne serait pas atteinte, la pratique veut que les investisseurs récupèrent leurs mises, il n'y a donc pas vraiment de problèmes de ce côté-là. Mais une constellation où les porteurs de projets recevraient directement les fonds aurait aussi pu être envisageable[59]. Les investisseurs auraient pu verser directement les fonds sur les comptes des porteurs de projets pour éviter de passer par un intermédiaire qui prendrait des commissions et se rémunéreraient sur les transactions. Mais il apparaît clairement que cette éventualité présente de nombreux inconvénients quant à l'honorabilité et à la bonne foi des porteurs de projets ; le risque d'être tenté de disparaître avec les fonds, ou de les utiliser à des fins non exposées dans le projet soumis aux investisseurs étant plus grand lorsque l'argent est déjà disponible sur le compte bancaire du destinataire.

Nous avons pu observer que le *crowdfunding* revêt pour le moment essentiellement un caractère altruiste, humain, solidaire. Le problème qui est lié à cet aspect « social » de ce mode de financement est particulièrement relatif à la géolocalisation du projet. En effet, les études statistiques montrent que les investisseurs (ou donateurs) en financement participatif ont tendance à aider le développement de l'économie locale, géographiquement proche. On ne peut presque pas évoquer des financements nationaux, l'échelle relevant plutôt du régional ou même intra-urbain ; le financement participatif fait face à une segmentation très locale du marché[60] ! Mais le développement du *crowdfunding* vers des projets plus entrepreneuriaux et moins humanitaires amènent à investir « plus loin ». Les investisseurs étrangers représentent pour l'instant une immense minorité sur les marchés locaux de financement participatif[61], mais le développement « mercantile » du *crowdfunding* et l'utilisation d'internet amèneront à un volume de financement international plus important. Quelle sera dès lors la réponse du marché et des législateurs à cette tendance ? Les auto-

---

59 KLÖHN (Lars) et HORNUF (Lars), « *Crowdinvesting* in Deutschland », op. cit., p. 243.

60 Ibid. p. 246.

61 Ibid.

rités internationales ou communautaires vont-elles créer un « passeport » afin qu'une plateforme de *crowdfunding* qui enregistre de bons résultats en France puisse se développer en Allemagne sur le même marché ? Devra-t-elle se soumettre à des conditions totalement différentes en fonction des pays dans lesquels elle souhaite s'installer, y remplir également des obligations lourdes et factuellement répétitives d'enregistrement et d'agrément ? Quel sera le droit applicable aux relations de financement participatif dans une constellation représentant un investisseur d'un pays A, une plateforme située dans un pays B faisant référence en la matière et éventuellement une société qui souhaite créer une filiale dans un pays C ?

Il semble que l'Union européenne aura également un rôle important à jouer, afin de créer un cadre juridique communautaire identique dans l'ensemble des 28 Etats membres et de permettre dès lors aux plateformes et aux activités et actifs du *crowdfunding* de se délocaliser sur l'ensemble du territoire européen. Les Etats-Unis, par l'adoption du JOBS Act ont décidé de faciliter l'accès au financement participatif et de le soutenir. L'Allemagne et l'Europe ont pour l'instant décidé d'adopter une position de spectateur afin, peut-être, d'établir par la suite une législation qui s'appuie sur les meilleurs pans des systèmes qu'ils auront pu observer. L'ordonnance française n°2014-559 du 30 mai 2014 est entrée en vigueur au 1er octobre 2014, conformément à son article 38. Il conviendra alors de s'intéresser rapidement au déroulement pratique des nouvelles obligations créées et à une étude cette fois factuelle de la situation, afin d'apprécier si la volonté française de prendre le leadership européen en matière de *crowdfunding* s'est correctement traduit dans la réalité du marché financier, particulièrement si les obligations nouvellement créées par l'ordonnance française sont adaptées à ce marché « hybride » du financement participatif. La plus grosse interrogation repose également sur les modalités d'application de l'ordonnance. En effet, de nombreuses caractéristiques factuelles dans les dispositions de l'ordonnance sont, respectivement, soumises à des règlements de l'AMF, de l'ACPR, ainsi qu'à des décrets du Conseil d'Etat. Les montants évoqués susmentionnés peuvent sembler en aberration avec la réalité du marché. Ainsi, l'étude du choix, dépendant en réalité d'une « politique » d'investissement soutenue ou non par la volonté législative, du sort à réserver à l'avenir au *crowdfunding* permettra de mettre en relief la genèse législative française du mois de mai 2014 afin de savoir si celle-ci, bien que précurseur en la matière, est adaptée. Le gouvernement français a indéniablement fait preuve de volontarisme; reste à savoir si les solutions trouvées et apportées peuvent s'inscrire dans la pérennité.

Bibliographie indicative

Droit français

ATTARD, (Jérôme), « Le financement participatif par souscription de titres », in Les Petites affiches, 16 janvier 2015, n° 12, p. 4

BERREBI (Clarisse), VATINE (Serge), « Le *crowdfunding* en pratique, opportunités et limites », in Juris-Classeur périodique édition Générale, 2014, p. 2242

BONNEAU (Thierry), « Le financement participatif », in Juris-Classeur périodique édition Entreprise et Affaires, 2014, 1523, p. 41

BOUTHINON-DUMAS (Hugues), « La directive sur les services de paiement et la concurrence entre les établissements de paiement et les banques » in Revue trimestrielle de droit commercial, 2009, p. 59

CONAC (Pierre-Henri), « Le nouveau régime du financement participatif », in Revue des Sociétés, 2014, p. 461

CREDOT (Francis-Jérôme) et SAMIN (Thierry), « Financement participatif », in Revue de droit bancaire et financier, 2014, comm. 163

DE VAUPLANE (Hubert), « *Crowdfunding* : pour une alter régulation », in Bulletin Joly Bourse, 2014, p. 338

DELPECH (Xavier), « Publication du décret sur le financement participatif », in Dalloz actualité, 24 sept. 2014, www.dalloz.fr

DUFOUR (Olivia), « Le pôle AMF/ACPR s'intéresse au '*crowdfunding*' », in Les Petites affiches, 18 juin 2014, n° 121, p. 4

FORNER-ORDIONI (Elsa), « *Crowdfunding* : l'important, c'est de participer ! » in Juris-Classeur périodique édition Générale, n°48, 25 novembre 2013, 1261 p. 7-8

GACHET (Baptiste) et LE PENDEVEN (Benjamin), « La France paradis du *crowdfunding* equity », in Revue des Juristes de Sciences Politiques, 2014, p. 97

GRANIER (Thierry) et CHAPIER-GRANIER (Nadège), « Le financement participatif (*crowdfunding*) révélateur des limites actuelles du système bancaire et financier », Mélanges en l'honneur de Paul Le Cannu, Dalloz-Lextenso-Thomson Transactive, 2014, p. 479

GRANIER (Thierry), « Le statut des plateformes de souscription de titres financiers », in Bulletin Joly Sociétés, 2014, p. 750

KEÏTA (Boubacar), « Un cadre juridique pour le financement participatif », in Les Petites affiches, 5 septembre 2014, n° 178, p. 7

KOVAR (Jean-Philippe) et LASSERRE CAPDEVILLE (Jérôme), « Droit de la régulation » in Banque éditeur, 2012, n° 54 à 56

LE BON (Gustave), Hier et demain, Pensées brèves, Flammarion, Paris 1918

LE FUR (Anne-Valérie), « Enfin un cadre juridique pour le *crowdfunding*, une première étape dans la réglementation » in Recueil Dalloz, 2014, p. 1831

LECLAIR (Guillaume), « '*Crowdfunding*' : peut-on raisonnablement être associé avec la foule ? », in Juris-Classeur périodique édition Entreprise et Affaires, n° 51-52, 19 décembre 2013, p. 42

LEGEAIS (Dominique), « *Crowdfunding* », in Revue trimestrielle de droit commercial, 2014, p. 672

MOULIN (Jean-Marc), « La régulation du *crowdfunding* à la française » in Revue de droit bancaire et financier, 2013, étude 19

MOULIN (Jean-Marc), « Régulation du *crowdfunding* : de l'ombre à la lumière » in Bulletin Joly Bourse, 2014, p. 356

MULLER (Anne-Catherine), « Création du statut de conseiller en investissement participatif », in Revue de droit bancaire et financier, 2014, comm. 149

NOTTE (Gérard), « Financement participatif ('*crowdfunding*'). Ord. n° 2014-539, 30 mai 2014 » in Juris-Classeur périodique édition Entreprise et Affaires n°24, 12 juin 2014, act. 417

PANDO (Annabelle), « Doté d'un cadre juridique, le *crowdfunding* est promis à un bel avenir », in Les Petites affiches, 24 septembre 2014, n° 193, p. 4

PANDO (Annabelle), « Le *crowdfunding* bientôt doté d'un cadre juridique spécifique », in Les Petites affiches, 4 mars 2014, n° 45, p. 3

PERRUCHOT-TRIBOULET (Vincent), « Le nouveau cadre du financement participatif », in Chronique d'ingénierie patrimoniale, Juris-Classeur périodique édition Notariale, 2014, p. 1326, spéc. n° 4

PORACCHIA (Didier) et VELARDOCCHIO (Dominique), « Le financement participatif par offre de titres financiers », in Bulletin Joly Sociétés, 2014, p. 742

RICORDEAU (Vincent), *Crowdfunding* : le financement participatif bouscule l'économie !, Fyp, 2013

RONTCHEVSKY (Nicolas), « Instauration d'un cadre juridique du financement participatif », in Revue trimestrielle de droit commercial, 2014, p. 662

ROUSILLE (Myriam), « 3 Questions : Le *Crowdfunding* » in Juris-Classeur périodique édition Entreprise et Affaires, n° 37, 12 septembre 2013, p. 2195

ROUSSILLE (Myriam), « 3 Questions : Le Shadow banking system », in Juris-Classeur périodique édition Entreprise et Affaires, n° 21-22, 22 mai 2014, p. 370

ROUSSILLE (Myriam), « Le *crowdfunding* », in Juris-Classeur périodique édition Générale, 2013, p. 653

ROUTIER (Richard), « Le prêt entre particuliers sur internet : un financement alternatif ? » in Recueil Dalloz, 2008, p. 2960

SAIDANI (Christine), « Le financement participatif encadré par ordonnance », in Dictionnaire permanent édition Epargne et produits financiers, juin 2014, p. 5

SAINT-ALARY (Bernard), « Les règles du financement participatif depuis le 1er octobre », in Dictionnaire permanent Epargne et produits financiers, Bulletin octobre 2014 p. 4

SELLAM (Samia), « Le financement participatif fait son entrée dans le règlement général de l'AMF », in Dictionnaire permanent Epargne et produits financiers, Bulletin octobre 2014 p. 1

STORRER (Pierre), « *Crowdfunding*, bitcoin : quelle régulation ? », in Recueil Dalloz, 2014, p. 832

VAUPLANE (Hubert de), « *Crowdfunding* : lever les obstacles juridiques » in Revue Banque, mars 2013, n° 758, p. 81

VAUPLANE (Hubert de), « *Crowdfunding* : pour une alter régulation » in Bulletin Joly Bourse, juillet 2013, p. 338

WAJSBROT (Steeve), « Les banques s'invitent dans l'écosystème du '*crowdfunding*' » in Les Echos, 7 oct. 2014, p. 27

Droit allemand

AURICH (Bastian), „Neues Maßnahmenpaket für den grauen Kapitalmarkt" in Gesellschafts- und Wirtschaftsrecht, 2014, p. 295-298, spéc. p. 296

BAREISS (Andreas), « Filmfinanzierung 2.0, Funktionsweise und Rechtsfragen des *Crowdfunding* », in Zeitschrift für Urheber- und Medienrecht, 2012, p. 456-465

BUCK-HEEB (Petra), Kapitalmarktrecht, C.F. Müller, 2011, § 158 et s

JANSEN (David Jean) et PFEIFLE (Theresa), « Rechtliche Probleme des *Crowdfunding* » in Zeitschrift für Wirtschaftsrecht, 38/2012, p. 1842-1852

JESCH (Thomas A.) et SIEMKO (Sabrina), „Das Kleinanlegerschutzgesetz: Verbraucherschutz, schneller als MiFID II erlaubt?" in Betriebs-Berater Heft 43/2014 p. 2570-2572

KLÖHN (Lars) et HORNUF (Lars), « *Crowdinvesting* in Deutschland : Markt, Rechtslage und Regulierungsperspektiven » in Zeitschrift für Bankrecht und Bankwirtschaft, 2012, p. 240

KLÖHN (Lars) et HORNUF (Lars), « Ein sicherer Rechtsrahmen für das *Crowdfunding* », in Der Bertieb, 2014, Heft 14, p. 1

KOCH (Jens) in Münchner Kommentar BGB, § 516, Rn. 24

LEUERING (Dieter) et RUBNER (Daniel), « Prospektpflicht des *Crowdfunding* », in Neue Juristische Wochenschrift Spezial, 2012, p. 463-464

MESCHKOWSKI (Alexander) et WILHELMI (Frederike K.), « Investorenschutz im *Crowdinvesting* », in Betriebs-Berater, 2013, p. 1413

NIETSCH (Michael) et EBERLE (Nicolas), « Bankaufsichts- und prospektrechtliche Fragen typischer *crowdfunding*-Modelle », in Der Betrieb, 2014, p. 1788

SCHMITT (Christoph) et DOETSCH (Matthias), « *Crowdfunding* : neue Finanzierungsmöglichkeit für die Frühphase innovativer Geschäftsmodelle », in Betriebs-Berater, 2013, p. 1451-1454

WEITNAUER (Wolfgang) et PARZINGER (Josef), « Das *Crowdinvesting* als neue Form der Unternehmensfinanzierung », in Gesellschafts- und Wirtschaftsrecht, 2013, p. 154

WENZLAFF (Karsten), « *Crowdfunding* im Koalitionsvertrag : was heißt das für die *crowdfunding*-Branche in Deutschland », disponible en ligne sous:
http://www.ikosom.de/2013/11/26/*crowdfunding*-im-koalitionsvertrag-was-heist-das-fur-die-*crowdfunding*-branche-in-deutschland/

Table des matières

FSC
www.fsc.org
MIX
Papier | Fördert
gute Waldnutzung
FSC® C083411

Kolibri 360 GmbH
Ferdinand-Jühlke-Straße 7
99095 Erfurt, Deutschland
produktsicherheit@kolibri360.de

Druck:
CPI Druckdienstleistungen GmbH
im Auftrag der
Kolibri 360 GmbH
Ferdinand-Jühlke-Str. 7
99095 Erfurt